Memories of Chung-Gu Hoe

청구회추억

청구회 추억

글 신영복 | 영역 조병은 | 그림 김세현

2008년 7월 30일 초판 1쇄 발행
2025년 11월 20일 초판 14쇄 발행

펴낸이 한철희 | 펴낸곳 돌베개 | 등록 1979년 8월 25일 제406-2003-000018호 | 주소 (10881) 경기도 파주시 회동길 77-20 (문발동)
전화 (031) 955-5020 | 팩스 (031) 955-5050 | 홈페이지 www.dolbegae.co.kr | 전자우편 book@dolbegae.co.kr

책임편집 이경아 | 편집 조성웅·김희진·고경원·신귀영·한계영 | 표지디자인 박정은 | 본문디자인 이은정·박정영 | 마케팅 심찬식·고운성
제작·관리 윤국중·이수민 | 인쇄·제본 상지사 P&B

글 ⓒ 신영복·조병은 2008 | 그림 ⓒ 김세현 2008 이 책의 무단 전재와 복제를 금합니다.
ISBN 978-89-7199-316-3 03810 책값은 뒤표지에 있습니다.

이 도서의 국립중앙도서관 출판시도서목록(CIP)은 e-CIP 홈페이지(http://www.nl.go.kr/cip.php)에서 이용하실 수 있습니다.
(CIP제어번호: CIP2008002184)

Memories of Chung-Gu Hoe

신영복 글 | 조병은 영역 | 김세현 그림

돌베개

1966년 이른 봄철 서울대학교 문학회의 초대를 받고 회원 20여 명과 함께 서오릉으로 한나절의 답청踏靑 놀이에 섞이게 되었다.

Early spring in 1966, I joined a group of about 20 students on a half-day picnic to Seo-O-Reung Tomb at the invitation of a literary club at Seoul National University.

Seo-O-Reung is about an hour's walk from Bul-Kwang Dong bus terminal. We walked in threes and fours, joyfully chatting with one another. I, too, walked with a group of four or five, responding lightly to students' questions, while enjoying the early spring weather of the suburb and strolling in the breeze as jocundly as the floating dandelion seeds. It was some time later that I found a group of six boys walking in the same direction, sometimes walking behind us and other times walking ahead of us.

불광동 시내버스 종점에서 서오릉까지는 걸어서 약 한 시간 길이다. 우리는 이 길을 삼삼오오 이야기를 나누며 걸었다. 나도 4, 5인으로 한 덩어리가 되어 학생들의 질문에 가볍게 대꾸하며 교외의 조춘早春에 전신을 풀어헤치고 민들레처럼 가벼운 마음으로 걷고 있었는데, 우리 일행과 앞서거니 뒤서거니 하며 같은 방향으로 걸어가고 있는 여섯 명의 꼬마 한 덩어리를 뒤늦게서야 깨닫게 되었다.

If these kids had been in school uniform or something similar to that, if they had been in better clothes, I probably would have noticed them a bit earlier. They were aged 10 or so, and were dressed in clothing that blended into the rustic landscape and the country road that had two deep ruts of cart-wheel tracks.

One of the boys had a middle school cap on without a school badge, and another wore a white sports cap, I remember. The white sports cap was ragged by many washings, the paper in the visor was clustered in a few places and the shape of the visor was far from being the original round shape, drooping over the boy's forehead. Furthermore, stained with mud, it was hardly even white.

만일 이 꼬마들이 똑같은 교복이나 제복 같은 것을 입고 있었거나 조금이라도 더 똑똑한 옷차림을 하고 있었더라면 나는 좀 더 일찍 이 동행인(?)들을 알아차렸을 것이다. 여남은 살의 이 아이들은 한마디로, 주변의 시골 풍경과 소달구지의 바퀴 자욱이 두 줄로 패여 있는 그 황토길에 흡사하게 어울리는 차림들이었다.

    모표도 달리지 않은 중학교 학생모를 쓴 녀석이 하나, 흰 운동모자를 쓴 녀석이 또 한 명 있었던 것으로 기억된다. 운동모자는 여러 번 빨래한 것으로 앞챙 속의 종이가 몇 군데로 밀리어 챙의 모양이 원형과 사뭇 달라졌을 뿐 아니라 이마 위로 힘없이 처져 있었다. 그나마 흙때가 묻어서 새하얗게 눈에 뜨이지도 않는 것이었다.

What caught my eyes most was the boy's woolen sweater. The sweater seemed to be knit with recycled thread from old sweaters. The colors were in disarray, with different colors for the body and the arms, and the arms of the sweater were again divided into two parts with different thread from the elbow down. The kid in that sweater wore somewhat looked like a cap on the head, though.

I remember I felt sorry for these shabbily dressed kids, who reminded me of the desolation of the 'spring poverty,' the hardest period for farmers in early spring after all the food from the previous year's harvest had dried up. They looked back at us as if they did not have stories to be deeply engaged in.

My thoughts did not dwell on them long, thinking that perhaps they were on their way home nearby. Then, realizing that it was around 9 o'clock in the morning when they should probably be at home, I found myself suddenly interested. Besides, I could see the handle of a pot through the narrow chink of a wrapping cloth which a boy held. These six little boys must have been going on a picnic to Seo-O-Reung just like us.

It struck me that I would like to join the group of boys and spend the day with them. I hastened and walked up to them, away from the group of literary club members.

그중에서 가장 나의 시선을 붙잡은 것은 털실로 짠 스웨터였다. 낡은 털실 옷의 성한 부분을 실로 풀어서 그 실로 다시 짠 것이었다. 색깔도 무질서할 뿐 아니라 몸통의 색깔과 양팔의 색깔이 같지 않고 양팔 부분도 팔꿈치 아래는 다시 달아낸 것 같았다. 털스웨터의 녀석은 그래도 머리에 무슨 모자 비슷한 것을 뒤집어쓰기까지 했다.

나는 이 똑똑지 못한 옷차림의 꼬마들로부터 안쓰런 춘궁春窮의 느낌을 받았던 것으로 기억된다. 자주 우리들을 힐끔힐끔 뒤돌아보는 양이 자기들끼리는 몰두할 만한 이야기도 별로 없는 듯하였다.

처음에는 서오릉 근처의 시골 아이들이 제 집으로 돌아가거니 하고 아무렇지도 않게 여겼다. 그러나 시간이 오전 아홉 시. 제가끔 제 집들에 있을 시간이라는 생각이 뒤늦게 들었다. 그리고 그중의 한 녀석이 들고 있는 보자기 속에 냄비의 손잡이가 보였다. 이 여섯 명의 꼬마들도 분명히 우리 일행처럼 서오릉으로 봄소풍을 가고 있는 것이다.

나는 이 꼬마들의 무리에 끼어 오늘 하루를 지내고 싶은 생각이 들었다. 나는 내가 속해 있던 문학회원들의 무리에서 이 꼬마들의 곁으로 걸음을 빨리하였다.

I know better than anybody else how to enter the world of children. What is important is to manage 'the first conversation' smoothly. The very fact that we exchange conversation narrows the gap, often by several years. For this reason, I needed to start the conversation with a question, a question that needed an answer that the boys could give. Something like, "What's your name?" would be no good because the boys would not feel the question important enough to answer, or, because they would fear they would become the object of laughter. Then, I will never narrow the gap. I had to speak to them by asking questions that required answers, without giving them any impression of being made fun of, or making them self-conscious, because if I did, they would notice it most sensitively.

Realizing that I was moving toward them they were already getting tense. I was able to notice it by their quickened steps and their frequent glances back at me. Therefore, to their surprise, I had to walk on without talking to them until I overtook them.

나는 어린이들의 세계에 들어가는 방법을 누구보다도 잘 안다. 중요한 것은 '첫 대화'를 무사히 마치는 일이다. 대화를 주고받았다는 사실은 서로의 거리를 때에 따라서는 몇 년씩이나 당겨주는 것이다. 그러므로 내가 꼬마들에게 던지는 첫마디는 반드시 대답을 구하는, 그리고 대답이 가능한 것이어야 한다. 만일 "얘, 너 이름이 뭐냐?"라는 첫마디를 던진다면 그들로서는 우선 대답해줄 필요를 느끼지 않을 뿐만 아니라 오히려 놀림의 대상이 되었다는 불쾌감으로 일정한 간격을 유지하고 뱅글뱅글 돌아가기만 할 뿐 결코 대화가 이루어지지 않는다. 그러므로 나는 반드시 대답을 필요로 하는 질문을, 그리고 어린이들이 가장 예민하게 알아차리는 놀림의 느낌이 전혀 없는 질문을 궁리하여 말을 걸어야 하는 것이다.

　이미 그들은 내가 그들 쪽으로 옮겨오고 있음을 알고 제법 긴장들을 하고 있었다. 그것은 그들의 걸음걸이가 조금 빨라지고 자주 나를 돌아다보는 것으로 충분히 알 수 있었다. 그래서 나는 그들의 예상을 뒤엎고 그들을 앞질러버릴 때까지 말을 건네지 않고 걸어갈 수밖에 없었다.

저쪽 산기슭의 양지에는 벌써 진달래가 피어 있었다. 나는 문득 생각난 듯이 꼬마들 쪽으로 돌아서며 "이 길이 서오릉 가는 길이 틀림없지?" 하고 그 첫마디를 던졌다. 이 물음은 그들에게는 전혀 부담이 없는 질문이다. '예' 또는 '아니오'로써 충분한 것이며, 또 그들로 하여금 자선의 기회와 긍지도 아울러 제공해주는 질문이었다.

Already on the sunny side of the skirts of the mountain beyond were azaleas in bloom. I turned to the boys as if a thought had suddenly struck me and cast the first question, "This must be the right way to Seo-O-Reung, mustn't it? This question was not a burden to them. A "Yes" or "No" would be enough, and it was also a question that provided them with a chance for charity and pride.

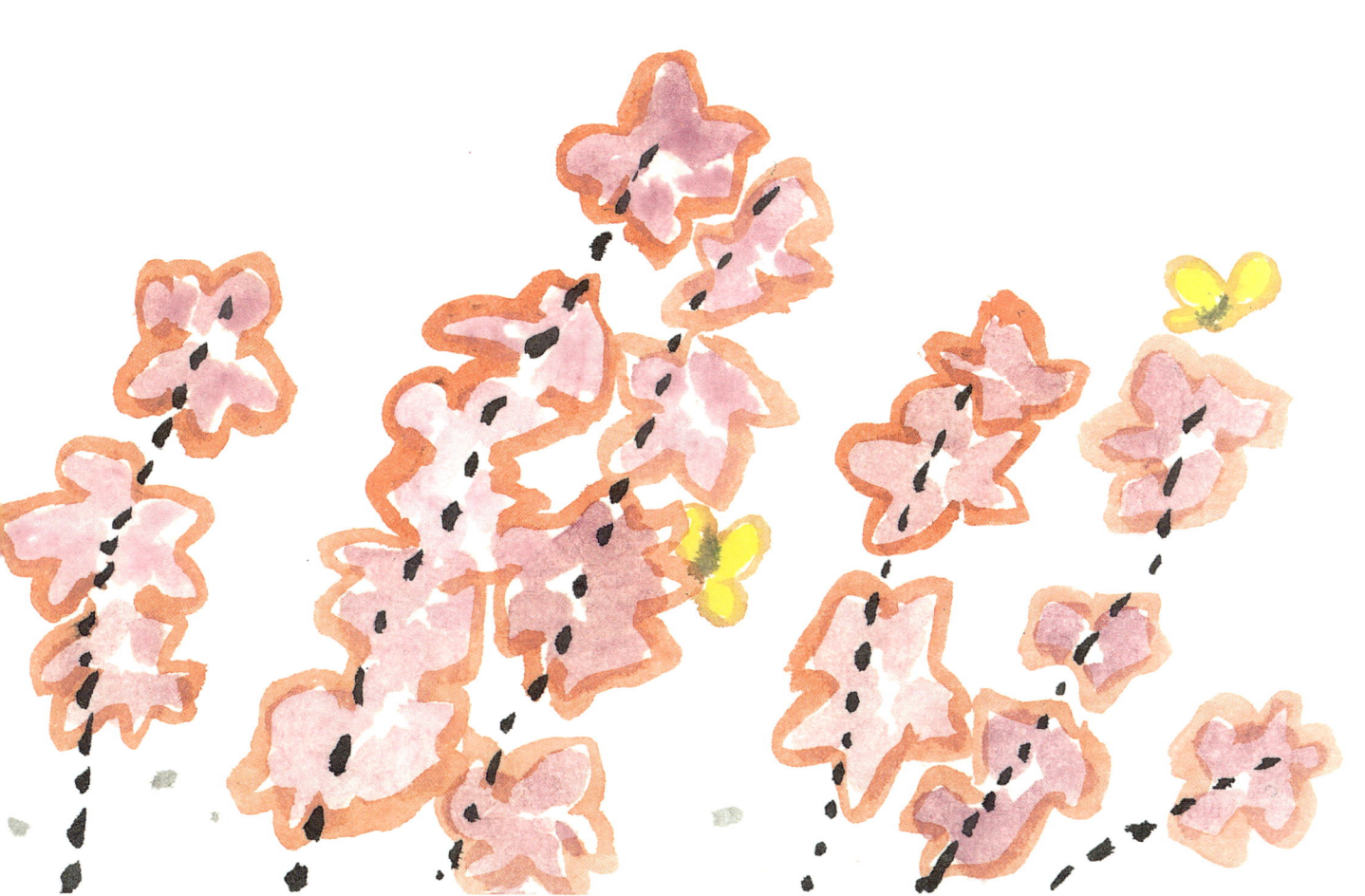

Their answers turned out to be kinder. They were not simply, "Yes, that's right," but they were much more in detail: "Yes, go straight, and you will be at Seo-O-Reung." They even added, "We ourselves are on our way to Seo-O-Reung." The response was better than I had expected.

The reason why they showed such a kind response to me was, perhaps, in the neat and smart appearance of my company which made a sharp contrast to my shabbily dressed self.

Anyway, the very fact that we exchanged a few words was enough to facilitate our next conversation. Nevertheless, there was still the danger of unexpected stiffening at the next point. So, I asked,

그들의 대답은 훨씬 친절한 것으로 나타났다. "네, 맞아요!"가 아니라 "네, 일루 곧장 가면 서오릉이에요"였다. 뿐이랴. "우리도 서오릉엘 가는 길이어요!" 반응은 예상보다 훨씬 좋은 것이었다.

허술한 재건복 차림을 한 나에게 그처럼 친절한 반응을 보여준 것은 아마 조금 전까지 나와 같이 함께 이야기 나누며 걷던 문학회 회원들의 말쑥하고 반반한 생김생김의 덕분이었으리라고 느껴졌다.

여하튼 서로 이야기를 주고받았다는 사실, 이 사실은 그다음의 대화를 용이하게 해주게 마련이다. 그러나 우리의 대화가 그다음 대목에서 뜻밖에 경화硬化되어 버릴 위험은 여전히 도사리고 있었다. 그래서,

"Have we come about halfway from the bus terminal?"

"No, not halfway yet."

"Perhaps, you live close to Seo-O-Reung?"

"No, we live at Mun-Hwa Dong."

"Then, did you come all the way from Mun-Hwa Dong?"

"Yes."

"What if you get lost on your way back?"

"Ho, ho. No problem."

In this way, I passed over the threshold of conversation.
Now I had to put my feet deeper into the world of these kids.

"버스 종점에서 반쯤 온 셈인가?"
"아니요, 반두 채 못 왔어요."
"너희들은 서오릉 근처에 살고 있는 모양이구나."
"아니요, 문화동에 살아요."
"그럼 지금 문화동에서 여기까지 오는 길이냐?"
"네."
"집으로 돌아가는 길을 잃어버리믄 어쩔려구."
"호호, 문제 없어요."

이렇게 하여 일단 대화의 입구를 열어놓았다.
이제 더 깊숙이 이 꼬마들의 세계 속으로 발을 들여놓아야 한다.

Finally after listening to their stories and asking questions, some easy and some difficult, about movie stars such as Shin, Young-Kyun and DokGo, Sung, pro-wrestlers including Chang, Young-Chul and Kim, Il, marathoner Son, Ki-Jung, and historical figures, Sejong the Great and General Euljimunduk and Admiral Lee, Sun-Shin, we became acquainted with one another.

I learned that they all lived in the same village at the foothill of Mun-Hwa Dong, that they had made promises to go on a picnic together some time ago, that they had each prepared round-trip bus fare and an extra 10 won, as well as rice for lunch and side dishes (which was only a pickled turnip) in wrapping cloth, and that they were very close friends indeed.

I suggested that they name their group and was told that they had already thought of doing so but had not decided on a name yet. They added that the two candidates were "The Eagle Corps" and "The Brave Tiger Corps." They asked then if I would choose a much better name for the group, which I willingly accepted.

The first conversation between the so-called "Soldiers of the Eagle Corps" and me could be called a success. At last we arrived at Seo-O-Reung, and I parted from them and returned to my students, of course, promising to meet them again later that day.

신영균이와 독고성, 장영철과 김일의 프로레슬링, 손기정 선수 등의 이야기. 세종대왕, 을지문덕, 이순신 장군에 관하여 때로는 쉽게, 때로는 제법 어렵게 질문하면서 또 그들의 이야기를 성의 있게 들어주면서 걷는 동안 우리는 상당히 친숙해질 수 있었다.

그들은 문화동 산기슭의 한 동네에서 살고 있다는 것, 오래전부터 자기들끼리 놀러가기로 약속해왔다는 것, 그래서 벼르고 별러서 각자 왕복 버스 회수권 두 장과 일금 10원씩을 준비하고 점심밥 해먹을 쌀과 찬(단무지뿐이었음)을 여기 보자기에 싸 가지고 간다는 것, 자기들 여섯 명은 무척 친한 사이라는 것 등을 알게 되었다.

너희들 여섯 명의 꼬마단체에다 이름을 지어 붙이는 것이 좋지 않겠는가고 제안하였더니, 이미 자기들도 그러한 이름 같은 것을 구상해두고 있는데 아직 결정을 내리지 못하였다는 것이다. 구상 중인 이름으로는 '독수리'와 '맹호부대'의 둘이 있다는 대답이다. 독수리나 맹호부대보다 훨씬 그럴 듯한 이름 하나를 지어주겠는가를 나한테 물어왔다. 나는 쾌히 이를 수락하였다.

나와 이 가칭 독수리 용사들과의 첫 번 대화는 대체로 성공적이었다고 할 수 있었다. 우리는 어느덧 서오릉에 닿았고 이제 이 꼬마들과 헤어져서 나는 학생들 틈으로 돌아왔다. 물론 이따가 한 번 더 만나기로 약속해두었다.

I sat around on the grass with the members of the literary club, having lunch and chatting, and we enjoyed ourselves. One of the students suggested we have a wrestling match since the grass was well taken care of, thus good for wrestling. To my surprise, I was chosen as his opponent. Since they all had been scolded by me, at least once, the suggestion of choosing me was welcomed and thought befitting the spring picnic on the grass. If my memory serves me right the student who targeted me was Kwon, Man-Sik. Then I noticed the faces of the six kids watching us, nay 'me' in particular, standing beside the tomb. They seemed to pay a keen attention to my hardship.

문학회원들과 함께 우리 일행은 널찍한 잔디밭에 자리를 잡고 둘러앉아서 점심을 먹으며 놀고 있었다. 학생 중의 한 명이 잔디밭이 씨름판에 안성맞춤이니 누구 한 번 씨름 내기를 해보자고 서두를 꺼내자 엉뚱하게도 내가 그 씨름의 상대로 지목되었다. 평소에 나한테 구박을 한 번씩은 받은 녀석들이기 때문에 그들이 일제히 나를 지목하여 골려보려는 저의는 잔디밭의 봄소풍에 썩 잘 어울리는 놀이이기도 하였다. 아마 나를 자꾸 귀찮게 끌어내려는 녀석이 권만식이었다고 기억이 되는데, 나는 그때 저쪽 능 옆에서 우리를, 특히 나를 지켜보고 있는 예의 그 여섯 꼬마들의 얼굴을 발견하였다. 이 꼬마들도 나의 곤경을 주시하고 있는 듯한 얼굴이었다.

At last, I accepted the challenge. Kwon and I held on to each other's waist at the center of the grass amongst enthusiastic cheers of all. It was not long before I found that Kwon was a rank amateur in wrestling, though he had a big figure. I easily beat him twice in a row. That I defeated him twice in a row with a body-twist throw was an event that was not expected in the least. Not only that. I threw down my next opponent by putting my leg between his legs and tripping him.

The cheering party of mine, who were perhaps quite concerned about me, might certainly have yelled for joy at my victory. My hidden wrestling skills were beyond the comprehension not only of the little kids, but also of the students in the literary club. For them it must have been a surprising discovery since I was known as a senior who struggled day and night only with books in hands.

나는 드디어 권군과의 씨름을 수락하고 만장의 환호(?)를 받으며 잔디밭 한가운데서 맞붙잡았다. 권군은 몸집만 컸을 뿐 씨름에는 문외한임을 당장 알 수 있었다. 나는 내리 두 번을 아주 보기 좋게 이겼다. 내가 권군을, 그것도 두 번을 거푸, 보기 좋은 들배지기로 이기는 광경은 천만 뜻밖의 일이 아닐 수 없었다. 그것뿐이랴. 뒤이어 상대하겠다는 녀석도 보기 좋게 안다리로 넘겨버렸다.

나의 응원단은, 저쪽 능 옆에서 상당히 걱정하였을지도 모르는, 그 꼬마 응원단은 분명히 쾌재를 불렀을 것이다. 꼬마들은 물론이고 문학회 학생들도 나의 숨은 씨름 솜씨를 알 턱이 없다. 연구실에서 그저 밤낮 책이나 들고 앉아 있는 선배로 알려졌을 뿐이니 놀라운 발견이 아닐 수 없었다.

나는 이제 나의 응원단석(?)으로 개선하고 싶은 생각밖에 없다. 그래서 꼬마들이 보지 않게 과일과 과자 등속을 싸가지고 일어섰다. 흡사 전리품 실은 개선장군처럼 나는 우리 꼬마들의 부끄러운 영접을 받았다. 나를 자기들 편 사람으로 간주해주는 그들의 푸짐한 칭찬, 그것은 무척 어색하고 서투른 표현에도 불구하고 가식 없는 진정이었다.

Now my only wish was to return triumphantly to my cheering party near the tomb. I stood up with a bundle of fruit and cookies which I wrapped up without my kids' notice. I was abashed by my kids' reception giving as if I was a triumphant general proudly carrying spoils of war. Their generous praise in including me as one of them, in spite of its awkward and clumsy expression, was genuine without any tints of affectation.

나는 우선 씨름 가르치는 것에서부터 꼬마들과 어울리기 시작하여 둘씩 둘씩 씨름을 시키고 있는데, 저쪽에서 문학회 학생 한 사람이 카메라를 들고 달려왔다. 기념 촬영을 해주겠단다.

우리는 능 앞의 염소같이 생긴 석물石物 곁에 섰다. 꼬마 여섯 명을 그 돌염소 잔등에 나란히 올라앉게 하고 나는 염소의 머리 쪽에 장군(?)처럼 서서 사진을 찍었다. 그리고 능 뒤쪽의 잔디밭에서 노래도 부르고 내가 싸가지고 간 과자와 사과를 나누어 먹으며 한참 동안 놀고 난 후에 나는 꼬마들과 헤어졌다.

I continued to get along with the kids by showing them some wrestling techniques and then matching them up two by two. A student with a camera came up to us, volunteering to take a picture of us.

We stood beside a stone sculpture in the shape of a goat in front of a tomb. I put the six little boys on the back of the stone goat and I myself took a pose beside the head of the goat just like a general and posed for a picture. On the grass behind the tomb, we had a joyous time together, singing songs and eating the fruit and cookies I had brought. Then I left them.

How much time had passed? While I was engaged in talking with the literary club members, a student informed me that the little kids were standing beside a pine tree about 30 meters away. They seemed to be on their way back home. Perhaps they were seeking a chance to say good-bye to me. When I ran over to where they were, they told me they were going home and asked me to send a copy of the picture we had taken.

I put the address of Cho, Dae-Sik (who was in the middle school student cap) in my diary and wrote my address (a professor's office at Sook Myung Women's University) on a piece of paper and handed it to him. At that moment, they gave me a wreath of azaleas as their present. Still in my memory, the color of azaleas was the brightest I had ever seen. They all bowed (removing their caps) to me as politely as children should and departed.

My rather lean karma with these poor boys in shabby clothes, with the so-called "Soldiers of the Eagle Corps" was set forth in the midst of the fresh fragrance of azaleas on the spring grass. I carried out this short half-day meeting with them with sincerity of my own. My company might have thought it a sort of light play, and probably there was some element of it there indeed, however reluctant I might have been to admit it.

얼마나 지났을까. 내가 문학회 학생들과 둘러앉아 이야기에 열중하고 있는데 약 30미터쯤 떨어진 저쪽 소나무 옆에 꼬마들이 서 있음을 알려주었다. 벌써 집으로 돌아갈 차림이다. 아마 나와 작별인사를 나누기 위하여 기회를 노리고 있는 참인가 보았다. 내가 그들에게 뛰어가자 그들은 이제 돌아가는 길이라고, 그래서 사진이 나오면 한 장 보내달라고 부탁하였다.

나는 그들 중의 중학생 모자를 쓴 조대식 군의 주소를 나의 수첩에 적고, 나의 주소(숙명여대 교수실)를 적어주었다. 그리고 그때 그들로부터 한 묶음의 진달래꽃을 선물(?)받았다. 지금도 나의 기억 속에서 가장 밝은 진달래 꽃빛은 항상 이때에 받았던 진달래 꽃빛이라고 생각하고 있다. 그들은 국민학생답게 일제히 머리를 숙여 인사를 하고(물론 모자도 벗고) 헤어졌다.

가칭 '독수리 부대'이며, 옷차림이 똑똑지 못한 이 가난한 꼬마들과의 가느다란 인연은 이렇게 봄철의 잔디밭에서 진달래 맑은 향기 속에 이루어졌다. 이 짧은 한나절의 사귐을 나는 나대로의 자그마한 성실을 가지고 이룩한 것이었다. 나와 동행하였던 문학회 학생들은 아마 그날의 내 행위를 한낱 '장난'으로 가볍게 보았을 것이 사실이며 또 나의 그러한 일련의 행위 속에 어느 정도의 장난기가 섞여 있었던 것이, 싫기는 하지만 사실일지도 모른다.

But the scene of their parting ··· those little hands that offered the azaleas in shy hesitance, and the little shoulders and heads bowing deep to me to say good-bye, ··· in front of them, I could not help being a 'teacher' and I could not turn away from the reality of my being a teacher.

그러나 마지막으로 나와 헤어질 때의 일……. 진달래 한 묶음을 수줍은 듯 머뭇거리면서 건네주던 그 작은 손, 그리고 일제히 머리 숙여 인사를 하는 그 작은 어깨와 머리 앞에서 나는 어쩔 수 없이 '선생님'이 아닐 수 없었으며, 선생으로서의 '진실'을 외면할 수는 도저히 없었던 것이다.

이처럼 그날의 내 행위가 결코 '장난'이 아니었음에도 불구하고, 또 상당히 무구無垢한 감명을 받고 헤어졌음에도 불구하고, 나는 곧 그들을 잊고 말았다. 그들을 까맣게 잊고 말았다는 사실, 그것이 그날의 나의 모든 행위가 실상은 한갓 '장난'에 불과했었다는 것을 반증하는 것일 수도 있는 것이다.

As such, my behavior was not a mere play, and I was touched not little by their innocence. Nevertheless, I soon forgot them. I forgot them completely, and the very fact may prove that my behavior of that day was nothing but a mere play.

One day, after about a fortnight from the spring picnic to Seo-O-Reung, while I was waiting for my next class in the faculty office at Sook Myung Women's University, the teaching assistant of the Department of Politics and Foreign Affairs brought three letters to me. Handing them to me, she spoke with a smile on her face, "These seem to be interesting letters." She would not leave, as if she wanted to look at the letters over my shoulders when I opened them. The reason why she said 'they looked interesting' was because of the poor handwriting on the envelopes as if they came from children of some country elementary school as well as in their clumsy efforts to write rather maturely in ink.

They were respectively from Cho, Dae-Sik, Lee, Duk-Won and Son, Yong-Dae. It was only after reading the address on the envelopes, "San 17, Mun-Hwa Dong," that I realized that the letters were from the Soldiers of the Eagle Corps.

The reason I blocked the assistant's curiosity and inquiry by bluntly saying, "These are letters from my little friends" was that I myself was very much embarrassed by the letters.

서오릉 봄소풍날로부터 약 15일이 지난 어느날, 숙명여대 교수실에서 강의 시작 시간을 기다리고 앉아 있는 나에게 정외과의 조교가 세 통의 편지를 가지고 왔다. 편지를 건네주면서 "참 재미있는 편지 같아요"라는 웃음 섞인 말을 던지더니 내가 편지를 개봉하면 어깨너머로라도 좀 보고자 하는 양으로 떠나지 않는다. 그 조교가 "참 재미있는 편지" 같다고 한 이유는 겉봉에 쓴 글씨가 무척 서툴러서 시골 국민학교의 어느 어린이로부터 온 듯할 뿐 아니라, 또 잉크로 점잖게 쓰려고 노력한 흔적이 역력하다는 점에 있었을 것이다.

조대식, 이덕원, 손용대 세 녀석이 보낸 편지였다. 이 녀석들이 바로 '독수리 부대' 용사들이라는 것은 겉봉에 적힌 '문화동 산 17번지'를 읽고 난 뒤에야 알 수 있었다.

"꼬마 친구들에게서 온 편지"라는 짤막한 말로써 그 편지를 전해준 조교의 질문과 호기심에 못을 박아버린 까닭은 내가 그 편지로 말미암아 무척 당황하였기 때문이었다.

These letters indeed were a shocking admonition, and no less than a sharp reprimand. The remorse and the regret that they remembered and cherished the spring picnic more sincerely than I was quite shameful.

The three letters were written in the same ink and pen with the same contents. Perhaps, the boys wrote them at the same time in the same place, consulting one another and peeping over one another's shoulders, by turns, Cho, Dae-Sik over Lee, Duk-Won, Son, Yong-Dae over Cho, Dae-Sik, etc. In their letters they wrote that they were glad to have met me, that they wanted to know if I had come up with a name for their group, that they wondered whether the picture we had taken looked nice, that they prayed for my health with their hands pressed together and so on.

During the fortnight or so after the picnic, I must have sported with them, making a charade of the memory of the day for what must have been a treasured memory for the kids. Overwhelmed with such a feeling, I felt an acute pang at a corner of my heart.

이 편지는 분명히 일침—針의 충격이며 신랄한 질책이 아닐 수 없었다. 나보다도 훨씬 더 성실하게 그날의 일들을 기억하고, 또 간직하고 있었구나 하는 나의 뉘우침, 그 뉘우침은 상당히 부끄러운 것이었다.

편지는 세 통이 모두 똑같은 내용을, 똑같은 잉크와 펜으로 쓴 것이었는데 아마 한자리에서 서로 의논하여 손용대는 이덕원의 것을, 이덕원은 조대식의 것을, 조대식은 또 손용대의 것을 서로 넘겨다보며 쓴 것이 틀림없었다. 선생님을 사귀게 된 것을 기쁘게 생각한다는 것, 자기들 단체의 이름을 지었으면 알려달라는 것, 그때 찍은 사진이 나왔느냐는 것, 그리고 건강하시기를 두 손 모아 빈다는 것 등이 적혀 있었다.

그 소풍 이후 약 보름가량을 나는 그들을 결과적으로 농락해오고 있었으며, 그날의 내 행위 그것마저도 결국 어린이들에 대한 무심한 '장난질'이 되어버린 듯한 느낌이 왈칵 나의 가슴 한 모서리에 엉키어왔다.

나는 강의가 끝나는 대로 즉시 서울대학교로 달려갔다. 그때 카메라로 사진을 찍었던 학생(송승호 아니면 이해익으로 기억된다)을 찾았다. 필름이 광선에 노출되어 못 쓰게 되어버렸단다. 사진이라도 가지면 나는 나의 무성의한 소행을 조금이나마 만회할 수 있으리라고 생각한 것이 사실이다. 이제는 솔직히 그들에게 사과하는 길밖에 없다.

　　엽서를 띄웠다.

　　　　As soon as my class was over, I rushed to Seoul National University to meet the student (who I remember was either Song, Seung-Ho or Lee, Hae-Ik) who took the picture of us. He told me that the film was damaged and the pictures did not develop properly. In fact, I thought it possible to make up for my insincere behavior with the picture even a little. Now the only way left was to frankly apologize to them.

　　　　I sent a postcard to them, proposing

"이번 토요일 오후 다섯 시, 장충체육관 앞에서 만나자."

"Let's meet at 5 p.m. this Saturday in front of Jang-Chung Gymnasium."

At 5 p.m. that Saturday, we, a company of seven, were as glad as old friends to meet in the square in front of Jang-Chung Gymnasium. On arrival, I found that they had been waiting for me for about an hour, and I could not help being embarrassed and flinched again at their whole-heartedness. I did not think their early arrival was time wasted. Rather their earnest behavior represented by it seemed genuine and admirable.

토요일 오후 다섯 시, 장충체육관 앞의 넓은 광장에서 우리 일곱 명은 옛 친구처럼 반가이 만났다. 그러나 이미 한 시간 전부터 나와서 기다리고 있었다는 이 녀석들의 '정성' 앞에서 나는 또 한 번 민망스럽고 초라할 수밖에 없었다. 한 시간이나 먼저 와 있었다는 사실이 무모한 시간의 낭비라고 생각되기는커녕 그들의 진솔함이 동상처럼 높이 올려다보이는 것이었다.

Since then, we made it a rule to meet at six every last Saturday of the month in front of Jang-Chung Gymnasium, and this promise was faithfully carried on until I was arrested in July, 1968.

Except one special phenomenon of advancing the appointed time little by little. If the appointment was at 6 o'clock, the kids showed up at about 5 and waited for me for an hour. Then, I came about 30 minutes earlier and we met at 5:30, but soon again, they came at about 4:30 and waited for me for an hour. Then, I had but one choice of coming 30 minutes earlier, and the 6 o'clock appointment became a 5 o'clock meeting. Then again, we decided to make it at 6 through a process as if of a disarmament conference, only returning to 5 again going through the same escalation.

The only thing we did together in our meeting was planning things we should do. Although the session was composed of trivial things like greetings and sharing stories of what happened to each of us, just the meeting itself felt like a blessing. The kids had races among themselves, or ran away with each other's caps snatched, or had bets of throwing one another off the cliff's edge of the square.

이때부터 우리는 매월 마지막 토요일 오후 6시에 장충체육관 앞에서 만나기로 약속하였다. 이 약속은 1968년 7월 내가 구속되기까지 매우 충실하게 이행된 셈이다.

다만 만나는 시간이 조금씩 일러지는 기현상(?)을 연출한 일이 한두 번이 아니었다. 약속시간이 오후 6시임에도 불구하고 이 녀석들은 꼭꼭 5시부터 나와서 기다리는 것이다. 그래서 나도 약 30분가량 일찍 나타나서 5시 30분에 만나게 되면 이제는 4시 30분부터 나와 있는 것이다. 그러면 다시 내 쪽에서 30분쯤 더 일찍 나오지 않을 수 없게 되어 결국 6시에 만나자는 약속은 에스컬레이션을 거쳐 어느덧 5시로 변해버리고 마는 것이다. 그제야 우리는 군축회담이나 하듯 다시 6시로 되돌아갈 것을 결의하고 6시로 되돌아가면 다시 동일한 에스컬레이션을 거쳐서 다시 5시에 만나게 되곤 하는 것이었다.

우리들이 만나서 하는 일이란, 무슨 할 일을 만드는 일 외에 아무것도 없었다. 그저 만나서 서로 그동안 있었던 일들을 이야기 나누는 그런 사소한 일에 불과하지만 그저 만난다는 사실 그것이 그냥 좋을 뿐이었다. 괜히 자기들끼리 시키지도 않은 달음박질 내기를 해보이기도 하고, 광장 가장자리의 난간에서 서로 떨어뜨릴 내기를 하거나, 모자를 뺏어서 달아나기를 하는 것들이 고작이었다.

Sharing ice bars, each costing 2 won, we spent about an hour around the edge, walked to the entrance to Mun-Hwa Dong, passing through the ridge of Yak-Su Dong, and parted when I got on a bus.

We had a very constructive agreement on the second or third meeting. We made a resolution for each to save 10 won a month, with 'Mun-Hwa Bread' in front of us at a small pancake house near the entrance to Mun-Hwa Dong. That is, we decided to save 100 won in total a month, with 10 won each from the 6 kids and my monthly installment of 40 won. Lee, Kyu-Han was to take charge of the monthly deposit and record keeping of the bank book.

Our account of 100 won a month would make 1,200 won a year, and 12,000 won over 10 years. I remember we calculated up to 10 years. That day, we bought a notebook for bookkeeping and for recording minutes of the meetings. One thing to notice: each boy had to earn the money on his own.

10원에 5개씩 주는 아이스케이크를 나누어 먹으며 우리는 난간 부근에서 약 한 시간 가량을 보내고 약수동 고개를 넘어 문화동으로 올라가는 입구까지 걸어가서 내가 버스를 탐으로써 헤어지곤 하였다.

두 번째인가 세 번째 모임에서 우리는 상당히 건설적인 합의를 보았다. 문화동 입구의 작은 호떡집에서 '문화빵'(10원에 3개)을 앞에 놓고 매달 10원씩의 저금을 하자는 약속을 한 것이었다. 6명이 10원씩을 모으면 60원, 거기다 내가 40원을 더하여 매달 100원씩의 우편저금을 하기로 하였다. 수금과 예금 및 통장의 보관은 이규한 군이 책임지기로 하였다.

한 달에 100원씩이라 하더라도 1년이면 1,200원, 10년이면 12,000원이다. 우리는 그때 10년까지 계산해보았다고 기억된다. 그날은 공책을 한 권 사서 그것을 우리의 회의록 겸 장부로 사용하기로 하였다. 특기해야 할 사실은 매월 저금하는 10원은 반드시 자기 손으로 번 것이어야 한다는 것을 결의하였다는 점이다.

한 달에 10원 벌이는 자신만만하단다. 물지게를 져다 주기, 연탄을 날라다 주기 등 산비탈 동네에 사는 어린이들이 끼어들 수 있는 노력봉사의 사례금이 우리의 수입원인 셈인데, 더러는 아버지나 어머니 또는 집안 식구들의 심부름값이 섞여 있는 것도 어쩔 수 없는 우리들의 고충이었다.

      They told me they could easily earn 10 won a month by carrying water-carrying yoke, delivering pressed briquettes, and doing various chores for the people living in the foothill. They often included tips for running errands from their parents or siblings, a rather bewildering situation for them.

I remember we had saved 2,300 won by July, 1968, when I was arrested. We skipped the two months of June and July in 1966, when I had military training at Korean Military Academy, one month of February in 1967, when I was hospitalized in Seoul Army Hospital, and a couple more months. Instead, I once supplied the shortage of about 300 won with the fee for an article of mine, and either Cho, Dae-Sik or Lee, Kyu-Seung overpaid amounting to 20 won from his extra income.

이렇게 하여 쌓인 우리의 저금은 내가 구속되던 1968년 7월까지 2,300원이 되리라고 기억된다. 내가 육사에서 군사훈련을 받던 1966년 6월과 7월 두 달, 그리고 67년 2월 수도육군병원에 입원해 있던 한 달, 그리고 그 외에 한두 번 가량 적금되지 않았으며, 그 대신 언젠가 내가 받은 원고료 수입에서 그동안의 부족액 약 300원 정도를 불입한 적이 있었다. 그리고 조대식인가 이규승인가 자기의 무슨 수입 중에서 20원 가량 초과 불입한 일도 있었다.

In September, 1966, two members of Chung-Gu Hoe were replaced because they moved away, one to Cheong-Nyang Ri, and the other to somewhere around Yong-San. They promised to attend the meetings afterwards, but they were absent twice in a row.

I remember I had heard that one day, Lee, Dae-Hyung came to visit his friends at Mun-Hwa Dong and expressed his wishes to begin a new group in his place and asked me to attend, but we had lost track of him since then.

We agreed to recruit new kids for the two vacancies. Nevertheless, only 4 kids showed up in the October meeting without new members. The boys explained that it was rather hard to find 'good guys.' Then, they resolved to find 'good guys' by the next meeting, still with 4 boys attended then. They informed me that they 'did' find two 'good guys.' I asked why they did not join, and one scratched his head and answered 'they are here.' To my question where they were, they answered that they were standing behind the electric-light pole by the side of the road.

1966년 9월 우리 '청구회'青丘會 회원 중 2명이 교체되지 않을 수 없었다. 집이 이사를 간 것이다. 한 사람은 청량리로, 또 한 사람은 용산 어디인가로 이사를 갔다. 비록 이사는 하였지만 모임이 있는 날에는 장충체육관 앞에 나오겠다고 다짐을 두고 떠나갔는데 두 번 거푸 결석(?)을 하였다.

언젠가는 청량리로 이사간 이대형이 문화동으로 놀러와서 자기도 청량리에서 친구들을 모아 회를 만들어서 선생님의 참석을 부탁할 작정이라는 각오를 피력한 사실이 있다는 것을 듣기는 하였으나 그후 영영 이대형 군의 소식은 끊어지고 말았다.

우리는 2명의 결원을 충원하기로 합의하였다. 그런데도 10월의 모임 때 여전히 충원되지 않고 4명만 모였다. "요사이는 좋은 아이가 참 드물다"는 것이 그들의 이유였다. 다음 달까지는 꼭 '좋은 아이'를 구하여 충원하기로 하였다. 그러나 그다음 달에도 역시 4명밖에 모이지 않았다. 좋은 아이 둘을 구하기는 구하였다는 것이다. 그러면 왜 오늘 참석하게끔 하지 않았느냐는 나의 물음에 비실비실 머리를 긁적이더니 오늘 나오기는 나왔다는 것이다. 어디 있느냐고 물었다. 저기 저쪽 길 옆의 전봇대 뒤에 서 있는 아이가 바로 그 아이들이라는 것이다.

과연 길 저편의 전봇대 뒤에 꼬마 둘이 서 있었다. 우리들의 시선이 그들에게로 쏠리자 그 두 명의 꼬마는 무슨 잘못이라도 저지른 사람같이 전봇대 뒤로 몸을 숨기고 있는 것이 아닌가. 나는 그 두 명의 아이가 틀림없이 '좋은 아이'라고 생각했다. 전봇대 뒤에 숨어서 기다리고 있는 그들의 마음씨야말로 딱할 정도로 착한 것이 아닐 수 없다.

전봇대 뒤에 있는 두 명의 신입회원을 이리로 데려오기 위하여 4명의 꼬마가 모두 달려갔다. 내가 이 두 명의 꼬마와 악수를 하고 나자 그제야 이 두 명에 대한 칭찬과 자랑을 늘어놓기 시작하는 것이다.

As expected, two kids were standing behind the pole by the side of the road. All eyes turned upon them and found that they were hiding behind the pole as if they did something wrong. I thought that the two kids were 'good guys' for sure. They were indeed 'pitifully' good enough to wait, hiding themselves behind the pole, being shy.

All four kids ran to bring the two new members over. Only after I shook hands with the two, did the four begin to pour out compliments, how well qualified and wonderful the new recruits were.

Since I was not in the position of screening their qualifications or of saying 'no' to their admission, the only thing I could do and did was exchange greetings. Their expressions revealed that they took it as a great rite of passage.

To welcome the new members, we went to the pancake house mentioned earlier. I bought 100 won worth of pancakes for them. One was Lee, Kyu-Seung, Kyu-Han's brother, and the other was Kim, Jung-Ho, a son of the head of a villagers' association.

나는 처음부터 신입회원의 자격을 심사하거나 가입을 거부할 수 있는 권한이 없는 입장에 놓여 있기 때문에 다만 새로 온 두 명의 꼬마친구와 인사를 하는 것이 고작임에도 불구하고 이들의 표정은 그것이 무슨 커다란 관문의 통과나 되는 것으로 여기는 모양이었다.

그날 우리는 신입회원의 환영회를 벌이기 위하여 예의 그 호떡집으로 갔다. 나는 100원어치의 문화빵을 샀다. 신입회원 중의 한 명은 이규한의 동생 이규승이었고 또 한 명은 반장집 아들 김정호였다.

우리는 열심히 모였다. 비가 오는 날이면 장충체육관의 처마 밑과 층층대 밑에서 만났으며 겨울철에도 거르는 일 없이 만났다. 회의 명칭도 꼬마들의 학교 이름을 따서 '청구회'靑丘會라고 정식으로 명명하였다.

We met diligently. On rainy days, we met under the eaves or stairs of Jang-Chung Gymnasium, and we met without missing during the cold winter months. We named the group 'Chung-Gu Hoe,' after the school they attended.

The thing the society most endeavored to do was of course reading. I donated a book each month for the library of the society and each member collected a book as well, to make the 'Chung-Gu Library.'

We read 'The Hard-Hearted,' 'A Homeless Angel,' 'Adventures of Robin Hood,' 'The Prince and the Pauper,' 'Plutarch's Heroes,' 'A little Hero,' etc. We ended up meeting about four times a month, since they enjoyed reading aloud the recommended books by turns. And every 4th Saturday, I let them talk about what they thought and felt about the book they read, often telling them stories similar to that. Then, moving to the pancake house, everybody listened to and talked about their worries and troubles.

청구회가 가장 힘을 기울인 것은 역시 독서였다. 나는 매월 책 한 권씩을 회의 도서로 기증하였으며 회원 각자도 책을 한 권씩 모았다. 그리하여 '청구문고'를 만들 작정이었다.

'아아 무정', '집 없는 천사', '로빈 후드의 모험', '거지왕자', '플루타크 영웅전', '소영웅'…… 등의 책을 읽었다. 청구회의 모임은 한 달에 네 번인 셈이다. 매주 토요일에는 자기들끼리 모여서 내가 추천한 책을 번갈아가며 낭독하였기 때문이다. 그리고 매월 마지막 토요일에는 그들의 독후감을 이야기하게 하고 거기에 곁들여 비슷한 이야기를 내가 들려주기도 하였던 것이다. 그리고 가끔 호떡집에 자리를 옮겨서 한 사람 한 사람의 걱정과 어려운 일을 서로 상의하기도 하였다.

당면한 걱정 역시 중학교 진학 문제였다. 그러나 그것은 중학교에 진학할 경제적 여유가 없기 때문에 생기는 걱정이라는 점에서 실은 진학 문제라기보다는 사회 진출 문제라고 해야 하는 것인지도 모른다. 우리들의 결론은 대체로 1, 2년 뒤에 야간중학에 입학하거나 또는 자격검정고시를 치르고 바로 고등학교(야간)에 진학하는 것이었다.

    1968년 7월까지 중학교에 진학한 회원은 조대식 한 명밖에 없었으며 또 이덕원 군이 자전거포에 취직이 되었을 뿐이었다. 이덕원 군이 자전거포에 취직함에 따라 우리의 모임도 마지막 토요일에서 첫 번째 일요일로 변경하지 않을 수 없었다. 첫째와 셋째 일요일이 이덕원 군의 휴일이기 때문이었다.

    The urgent problem they confronted was, as was expected, entrance into secondary school. Considering that it was a concern caused by financial problems, it could be called the problem of finding one's way into society. The conclusion we reached was to enter an evening middle school after a couple of years. Going to an evening high school after taking a qualifying examination would be a good option.

    As of July, 1968, Cho, Dae-Shik had entered middle school and Lee, Duk-Won was the only member who got a job in a bicycle shop. As Lee, Duk-Won started to work in the bicycle shop, we had to change the date of our meetings from the last Saturday to the first Sunday of the month. For Lee was off duty on every first and third Sunday.

독서 이외에 청구회 회원들이 한 일들도 제법 다채로운 것이었다. 이를테면 우선 동네의 골목을 청소하는 일을 들 수 있다. 나는 그들이 한 달에 몇 번씩 자기 동네의 골목을 쓸었는지 정확히 알고 있지는 않다. 그러나 여름철과 겨울 방학 때는 매주 2, 3회씩이나 골목을 청소한 것으로 기억하고 있다.

The members of Chung-Gu Hoe did various other things than reading. For instance, they cleaned the alley of their village, though how many times a month I did not know exactly. I remember, however, that they swept the alley two or three times a week during summer and winter vacations.

The next thing they did was to fix the slippery frozen slope in winter times. To do so, they dug up the ice from the slope and made steps. When the road became slippery with melting snow around spring time, they spread briquette cinder on the road to prevent slipping.

Of course, I had no chance to join them or check their achievements, because I was living at San 49 in Jong-Arm Dong.

In summer time, they would voluntarily get up early in the morning and run a race to the wellspring at Mt. Nam-san. They continued to run a marathon throughout the summers of 1966 and 67.

그다음으로는, 겨울철에 얼음이 얼어서 미끄러운 비탈길을 고쳐놓는 일이다. 땅에 박힌 얼음을 파내고 그곳을 층층대 모양으로 만드는 일을 하였다. 그리고 봄철이 가까워 땅이 녹아 질펀하게 미끄러워진 때에는 그런 곳에다 연탄재를 덮어서 미끄럽지 않도록 만드는 일도 하였다.

나는 물론 이러한 일들에 참여하였거나 그들의 업적을 직접 확인한 일은 한 번도 없다. 당시 나는 종암동 산 49번지에 살고 있었기 때문이었다.

그다음으로는, 내가 추천하지도 않은 일인데 그들은 여름철이면 새벽같이 일어나서는 남산 약수터까지 마라톤을 하였다. 66년 여름과 67년 여름 새벽을 줄곧 뛰었던 것이다.

One event by which I cannot forget the members of Chung-Gu Hoe happened when I had cholecystectomy at Sudo Military Hospital in February, 1967. I sent a postcard excusing my inevitable absence from the meeting for the month and asked them not to be bothered to visit, since I would soon be leaving the hospital. Thus to my relief, they did not visit until I left there.

Yet when we met the next month, I was surprised to find out that they had come two times to see me and had been refused both times at the gate. In addition, they said they had brought boiled eggs for me. Moreover, the youngest Lee, Kyu-Seung, who used to hang on my arms when we walked, went to the hospital all by himself one day.

내가 이 청구용사들을 잊을 수 없는 일이 하나 있는데 그것은 1967년 2월 내가 수도육군병원에서 담낭절제수술을 받고 입원하고 있을 때의 일이다. 그달의 모임에 참석할 수 없노라는 사연을 간단히 엽서로 띄우면서 혹시라도 병원으로 문병 오지 않도록, 곧 퇴원하게 될 테니까 절대로 찾아오지 말 것을 부탁하였다. 그래서 그 꼬마들은 내가 퇴원할 때까지 다행히 병원에 오지 않았었다.

그러나 다음 달에 우리가 만났을 때 그들이 두 번이나 찾아왔다가 두 번 모두 위병소에서 거절당하였음을 알았다. 그것도 삶은 계란을 싸가지고 왔었단다. 더욱이 나이가 제일 어린 이규승이는 평소에 같이 걸어갈 때에도 내 팔에 매달리며 걸었는데 한 번은 저 혼자서 병원까지 왔다가 돌아갔다는 것이었다.

물론 삶은 계란은 자기들끼리 나누어 먹었겠지만 그들이 그렇게 벼르고 별렀던 서오릉 소풍 때에도 계란을 싸가지고 갈 수 없었던 가난한 형편을 생각하면 결코 잊을 수 없는 일이 아닐 수 없다. 그들은 문화동에서 멀리 병원까지 걸어서 왔다가 걸어서 돌아간 것이었다.

       They probably shared the boiled eggs among themselves, but considering that they could not afford to bring boiled eggs even for the picnic at Seo-O-Reung, it was something I could not forget. After all, they had walked a long distance from Mun-Hwa Dong to the hospital which was located at the opposite end of Seoul and went back home on foot.

Once, I received some Christmas presents from them. It was in 1966. The present consisted of a card and a pack of Kum-Kwan cigarettes. They must have paid 10 won each for that. I also could guess that seeing from the gloomy expressions on Son, Yong-Dae and Lee, Duk-Won, they could not pay their share. I reminded them of the previous month's agreement that we would not exchange gifts to prevent an extravagant waste of money and confirmed our original decision. I doubt how effective such an agreement might have been to children who were counting the days to Christmas. Likewise, I am not sure how much comfort such an agreement brought to the two kids who could not pay their share. As for Christmas, I have only bitter memory.

Instead of Christmas cards, I sent a postcard of the Korean Military Academy to each of them with enough time ahead so that it could be delivered around New Year's Day.

내가 이들로부터 꼭 한 번 선물을 받은 적이 있다. 66년 크리스마스 때였다. 카드 한 장과 금관담배 한 갑이 그것이다. 아마 이 선물을 위하여 일인당 10원씩을 거두었던 모양이었다. 왜 내가 그것을 짐작할 수 있었는가 하면 손용대와 이덕원의 표정에는 자기 몫을 내지 못한 침울한 심정이 너무나 역력하였기 때문이다. 나는 크리스마스 때 선물이나 카드를 주고받지 않기로 하였던 지난 달의 결정을 상기시키고 다시는 이런 낭비(?)를 하지 않기로 의견을 모았다. 이러한 우리의 결심이 크리스마스를 기다리던 어린이들에게 어느 정도로나 수긍이 갔었는지, 그리고 몫을 내지 못한 두 어린이의 침울한 심정이 과연 얼마나 위로되었는지 매우 쓸쓸한 기억밖에는 없다.

나는 카드 대신 1월 1일경에 이들에게 배달되도록 날짜의 여유를 두어서 사관학교의 그림엽서 한 장씩을 우송하였다.

In June, 1967, since I had completely recovered, I promised to go on a spring picnic which had been postponed since April. As it fell in June, it was a summer picnic, but we were as excited as to seriously discuss the matter over several times. To make it a more enriching and joyful event, we agreed to invite groups other than Chung-Gu Hoe. Baek-Un-Dae Mountain Valley was the agreed-on destination and I took charge of public relations so that other groups could join.

At first, I thought of including other kids' clubs, but I immediately cancelled such a plan, because if other children's groups joined, the heroes of the event, the members of Chung-Gu Hoe, however delicately they be treated as such, might feel slighted, and consequently become awkward or feel sorry.

I succeeded at getting agreement from Chung-Maek Society, a student seminar group from Ewha Women's University, after explaining to them the history of Chung-Gu Hoe and the plan for the spring picnic. Then, I decided to invite my students from the Military Academy since their brilliant uniform and their well-disciplined manner was the kids' object of admiration. I was lecturing in economics to them at the Faculty of Education since I was commissioned as a lieutenant after a 10-week training course.

1967년 6월 나는 수술 후 완전히 회복되었기 때문에 4월부터 미루어온 봄소풍을 가기로 약속하였다. 이미 6월이 되어 여름소풍이 되어버린 셈이지만 우리는 이 소풍을 위하여 여러 차례 의논을 하였으며 오래전부터 마음을 설레어온 터였다. 우리는 이번 소풍이 전번보다 더 풍성하고 유쾌한 것이 되도록 청구회 외에 다른 그룹도 참가시키기로 결정하였다. 목적지를 이번에는 '백운대' 계곡으로 정하고 다른 그룹에 대한 교섭은 물론 내가 책임을 맡았다.

처음에 나는 다른 꼬마들을 참가시킬까 생각하다가 곧 그런 생각을 취소하였다. 청구회 회원들이 주인이 된 소풍에 또 다른 꼬마들이 곁든다는 것은 그 손님이 된 꼬마들이 비록 세심한 배려를 받는다고 하더라도 어색하고 섭섭하지 않을 수 없기 때문이었다.

그래서 우선 내가 지도하고 있던 이화여자대학교의 세미나 서클 '청맥회'에서 청구회의 내력과 봄소풍 계획을 피력하여 열렬한(?) 동의를 얻는 데 성공하였다. 그러고 나서 나는 육군사관생도들을 참가시키기로 작정하였다. 육사 생도들의 화려한 제복과 반듯한 직각의 동작은 평소 우리 꼬마들의 선망의 대상이 되어왔기 때문이었다. 나는 당시 10주의 훈련을 거쳐 육군중위로 임관하여 육군사관학교 교수부에서 경제학을 강의하고 있었다.

66년 임관 직후 내가 예의 그 허술한 국민복 상의를 벗어버리고 정복 정모에 계급장을 번쩍이면서 장충체육관 앞에 나타났을 때 청구회 꼬마들이 큰 눈으로 신기해하고 자랑스러워하는 품이란 그대로 흐뭇한 한바탕 축하회였다.

In 1966, right after my commission, I showed up in front of Jang-Chung Gymnasium in brilliant full-dress uniform and regulation cap instead of my usual shabby jumper. They feasted their big eyes on me and were proud to see me in uniform, which itself was a great celebration.

As we walked along, chatting among ourselves, a military policeman saluted at attention to me from afar. I could guess his good nature when he stopped to salute at attention, but how pleased the boys were at the sight! It certainly tempted me to be childish and be proud of myself. In fact, it was the kids themselves who first suggested the cadets of the Military Academy join the spring picnic.

After I finished my lecture in an introductory economics course, I publicized the spring picnic project and asked those who wanted to join to apply at the Faculty Office. A widespread response from the cadets flew in. I did not think the reason for such a response to be the participation of female students from Chung-Maek Society from Ewha Women's University. For a few episodes related to the kids made it quite attractive to the cadets. I promised to invite a group of six cadets who applied earlier than others, having a hard time dissuading other applicants with consolation of a next chance.

그날 나와 꼬마들이 옆으로 늘어서서 이야기를 주거니받거니 걸어가는데 저만큼에서 육군병사 한 명이 차렷 자세로 내게 경례하였다. 그 병사가 구태여 걸음을 멈추고 차렷 자세로 정식 경례를 한 마음씨가 짐작할 만하였다. 그 광경을 목격한 이 꼬마들의 뛸 듯이 기뻐하는 모습이라니. 나도 으쓱해지려는 치기를 어쩔 수 없었던 터였다. 이번 봄소풍에 육사 생도들을 참가시키자는 것은 오히려 꼬마들 쪽에서 먼저 얘기를 꺼낸 것이기도 하였다.

나는 3학년 경제학원론 강의를 빨리 진행하여 일찍 마친 다음 생도들에게 청구회의 봄소풍 작전을 공개하여 그 참가를 희망하는 생도는 강의가 끝난 후 경제학과 교수실로 와서 신청하도록 광고(?)하였다. 상당히 광범한 반응이 일었다. 이처럼 많은 희망자가 쏟아져 나왔다는 사실을 나는 결코 이화여대의 '청맥회'가 동행하기 때문이라고 생각하지는 않았다. 청구회에 얽힌 몇 가지 에피소드만으로도 충분히 호감이 가는 소풍이 아닐 수 없었다. 다른 생도들보다 비교적 일찍이, 그것도 여섯 명이 단체로 신청한 생도들과 약속하였다. 그 후 많은 생도들의 신청을 무마하여 다음 기회로 미루어 돌려보내느라 상당히 오랫동안 고역을 치렀다.

Through this process, the final list of the participants of the spring picnic was confirmed to 21: six members of Chung-Gu Hoe, eight female students from Chung-Maek Society, six cadets from the Military Academy, and I. I arranged the work of preparation so that each group was responsible for something. The main preparation for the picnic involved food. The female students from Ewha University were responsible for the picnic lunch, the male cadets for snacks, cookies and other refreshments, while the kids of Chung-Gu Hoe would prepare 30 ice cream cones, befitting their status as the main guests.

The ice cream bars were doled out even before arriving at the picnic site, but it was well-worth the effort because they beat other groups by timely providing cold ice creams when all felt thirsty on a warm day. The boys all received a big round of applause.

이렇게 하여 우리의 봄소풍 일행은 최종적으로 그 인원이 확정되었다. 청구회 6명, 청맥회 여학생 8명, 육사생도 6명 그리고 나 이렇게 21명이었다. 그리고 각 참가 그룹별 책임을 분담하였다. 책임이란 소풍에 필요한 점심과 간식에 소요되는 최소한의 준비였는데 이 분담도 참가신청 이전에 이미 참가의 조건으로 제시된 바 있었기 때문에 그것을 다시 상기시켜 잊지 말도록 하는 것일 뿐이었다. 여학생들은 점심식사에 필요한 주식과 부식의 준비, 육사 생도들은 과자와 간식의 준비, 그리고 청구회 꼬마들은 주빈답게 아이스케이크 30개 값을 지참하는 정도로 그저 체면 유지(?)에 그친 것이었다.

    이 아이스케이크 값도 그날 목적지에 도착하기도 전에 동이 나고 말았지만, 마침 다들 목이 마를 때 다른 그룹들보다 먼저 선수를 쳤기 때문에 상당한 갈채를 받았다는 점에서 그 비용에 비하여 효과는 지극히 훌륭한 것이었다.

At half past ten in the morning on Sunday, a day in June, 1967, we agreed to meet at Su-Yu Ri bus terminal. I met my little friends in front of Chung-Gu Elementary School at the entrance of Mun-Hwa Dong, and transferred buses twice before getting to the bus terminal at Su-Yu Ri.

1967년 6월 ○일 일요일 오전 10시 30분. 우리 일행은 수유리 버스종점에서 모이기로 하였다. 나는 9시 30분에 문화동 입구 청구국민학교 앞에서 꼬마들과 만나서 시내버스를 두 번 갈아타고 수유리 종점에 도착하였다.

Students from Ewha University and the Korea Military Academy who arrived earlier and were waiting for us finally came to know that the little boys were their companions for the day. I checked to see if each group completed their tasks, and found that there was plenty to go around and more. The Ewha students brought strawberries and cookies in addition to their share and the cadets, who secured their ration rice for Sunday activities, brought rice along with the snacks and cookies they were alloted.

That day, the members of Chung-Gu Hoe got a special treat from both the female students and the cadets. There were neither eyes looking down on their poor apparel, nor crumpled minds being ashamed of such apparel. It certainly was a day when they all had an 'exciting' time. Cadets from the Military Academy promised to invite the little boys to their campus, the female students from Ewha Women's University promised to donate some books to the 'Chung-Gu Library.' Until we parted at about 5 o'clock in the afternoon at Su-Yu Ri bus terminal, we had behaved with dignity and controlled ourselves not to impugn our honour. It was perhaps because we were members of such dignity that we got compliments and encouragements from our companions.

먼저 와서 기다리고 있던 여학생들과 사관생도들은 우리의 도착으로 비로소 그들이 오늘의 동행인들이라는 사실을 알게 되었다. 나는 먼저 그들의 책임 준비물을 점검하였다. 초과달성이었다. 주·부식을 분담하였던 여학생들에게서 딸기, 과자 등속이 지참되고 있었는가 하면 생도들의 짐 속에는 '쌀'까지 들어 있었다. 일요일에 등산 또는 소풍가는 생도는 학교로부터 쌀의 정량을 지급받을 수 있기 때문에 악착같이(?) 타왔단다.

이날 청구회 회원들은 여학생들과 사관생도들로부터 대단한 우대를 받았다. 가난한 옷차림을 낮추어보는 시선도 없었고, 가난한 옷차림을 부끄러워하는 마음의 구김새도 없이 '신나게' 놀았던 하루였다. 육사 생도들은 육군사관학교로 꼬마들을 초대하겠다는 약속을 하였고, 여학생들은 '청구문고'에 도서를 기증하겠다는 약속을 했다. 오후 5시경 수유리 종점에서 헤어질 때까지 우리는 줄곧 의젓하게(?) 처신하면서 청구회의 위신을 손상시킴이 없도록 자제하기도 하였다. 그래서였던지 그후 동행인들로부터 각종의 찬사와 격려를 받았다.

우리는 계속 부지런히 장충체육관 앞에서 만났고 엽서와 편지를 주고받아가며 우리의 역사를, 우리의 애정을 키워왔던 것이다.

      We continued to meet in front of Jang-Chung Gymnasium, while sending and receiving postcards and letters, in such a way to cultivate our history and promote our friendship.

지금 옥방에 구속된 몸으로 이 글을 적으면서도 애석하고 마음 아픈, 이른바 실패의 기억처럼 회상되는 일이 하나 있다.

1968년 1월 3일에 청구회 꼬마들을 우리집으로 초대하여 간소한 회식을 갖자고 제의하여 이들의 승낙을 받았다. 그러나 약속날인 1월 3일 12시 동대문 체육관 앞에는 한 사람도 나타나지 않았다. 나는 이들의 초대를 위하여 어머니에게 이들의 면면을 말씀드려 '회식'의 준비에 각별한 애정을 느끼게끔 미리 터를 닦아놓기까지 하였던 터였다.

There is one thing that still pains me and makes me sad, something that is recollected as a memory of failure, now while I am writing this story in this prison cell.

I invited the kids to my house on January 3, 1968, and got their consent. I waited for them at 12 noon on that day in front of Dong-Dae-Mun Gymnasium but nobody showed up. I made arrangements by asking my mother ahead of time to prepare some food for this occasion and she took special care to do so.

12시부터 약 1시간 40분 동안 추운 버스정류장에서 이들을 기다렸다. 처음 한 시간은 12시 약속을 1시 약속으로 착오하고 있을지도 모른다는 생각으로, 그리고 그 후 40분은 도중에 무슨 일로 좀 늦어질지도 모른다는 마음으로 기다렸다. 1시간 40분을 행길가에 서서 기다렸다. 흔히 약속 시간보다 1시간씩이나 일찍 나타나곤 하던 이 녀석들의 특유의 버릇을 생각하여 근처의 담뱃가게에 소상히 문의해보는 일도 잊지 않았다.

    I had waited for them for about an hour and forty minutes starting from 12 o'clock in the cold bus terminal. For the first hour, I thought that perhaps they had mistaken the time of appointment for 1 o'clock instead of 12, then for the next forty minutes, I thought that perhaps something had delayed their arrival. I had waited for them on the road. I did not forget to ask an attendant at a nearby convenience store whether he had seen them, remembering that they used to arrive one hour earlier than the appointed time.

I came home with hunched shoulders and had to comfort my disappointed mother.

Even to this day, I do not know exactly why they did not keep the appointment. In fact, the very reason why they did not show up still remains obscure. Perhaps, they thought they would cause me much trouble, or their parents thought the same and did not allow them to come. Whatever the real reason, their answer and their facial expressions were nothing but puzzling. I had to let it pass without getting any clear explanations.

나는 어깨를 떨어뜨리고 집으로 돌아와서 어머님의 실망을 위로하여야 하였다.
 나는 지금도 그때 그들이 약속을 지키지 않았던 까닭을 정확히 모르고 있다. 사실은 그들이 나오지 않은 이유 자체가 심히 모호한 것이기도 하였다. 어쩌면 나에게 폐를 끼치는 일이라고 생각해서였는지 아니면 부모들로부터 역시 같은 이유로 금지당하였는지 그들의 대답과 표정은 끝내 모호하였을 뿐이었다. 결국 분명한 해명이 없는 채 그대로 지나치고 말았다.

It was the ambiguity of the situation that troubled me and perhaps that was what troubled them as well. Except one or two incidents of such delicate psychological conflict, which was only briefly exposed, there were no difficulties.

The only miserable thing for me was trying to find a way to come up with the tuition for their secondary school, knowing the kids had to console themselves by taking qualifying examinations for high school instead of actually attending secondary school. I warned myself against such sentimentality concerning the matter and made up my mind to be reasonable and logical in my decision. Nevertheless, I could not help being agonized at the dispirited features of these 7th and 8th graders of the elementary school.

How could our monthly savings of 100 won compensate for the hollow void and grief of having to miss out on school?

바로 이 점에 나의 고충이, 그리고 그들 쪽에도 하나의 고충이 있었는지도 모른다. 이러한 종류의 미묘한 심리적 갈등이 한두 번, 그나마 가볍게 노출되었던 것 외에 무슨 다른 어려움이 있었던 것은 아니었다.

다만 중학교를 진학하지 못하고 고작 검정고시로 가난한 마음을 달래고 있는 이들에게 중학교의 입학금과 학비를 내가 조달해야 하는가 하는 문제가 나를 상당히 우울하게 하였다. 이 문제에 관하여 나는 감상적으로 되는 나를 애써 경계하면서 이러저러한 논리를 갖추어 이성적으로 판단해야 한다고 다짐하면서도, 문득문득 눈앞에 서는 이 국민학교 '7학년', '8학년'의 위축된 모습에서 여러 차례에 걸쳐 번민하지 않을 수 없었다.

매달 100원씩 붓는 우리들의 우편저금이 먼 훗날 어떠한 형식으로 이 잃어버린 중학 시절의 공허와 설움을 보상해줄 수 있겠는가.

I am afraid the story that started with our first meeting, the meeting as light-hearted as the floating dandelion seeds in the early spring of 1966 would forever be faded into a sad and desolate ending by my sudden arrest and subsequent imprisonment · · ·

1966년 이른 봄철 민들레 씨앗처럼 가벼운 마음으로 해후하였던 나와 이 꼬마들의 가난한 이야기는 나의 급작스런 구속으로 말미암아 더욱 쓸쓸한 이야기로 잊혀지고 말 것인지…….

It was when I was being interrogated that I was ordered to speak about the real nature of Chung-Gu Hoe and name its members. I closed my eyes without saying anything. I wondered how, in what process, and through whose mouths, did things come to this? I did not care about such things anymore.

I was listening to the cicadas that were crying out in the scorching heat of August and remembered my old childhood top. Then, I responded quietly that they were 7th and 8th graders of the elementary school.

Sometime later, I could not but be embarrassed again at Prosecutor's Office No. 8 in Seoul District Court.

"Is this the anthem of Chung-Gu Hoe?"

There was a sheet of paper held by the prosecutor's ringed-hand. The words of the song I wrote for the boys were written on the paper:

중앙정보부에서 심문을 받고 있을 때의 일이다.

    '청구회'의 정체와 회원의 명단을 대라는 추상 같은 호령 앞에서 나는 말없이 눈을 감고 있었다. 어떠한 과정으로 누구의 입을 통하여 여기 이처럼 준열하게 그것이 추궁되고 있는가. 나는 이런 것들을 아랑곳하지 않았다.

    나는 8월의 뜨거운 폭양 속에서 아우성치는 매미들의 울음소리만 듣고 있었다. 나는 내 어릴 적 기억 속의 아득한 그리움처럼 손때 묻은 팽이 한 개를 회상하고 있었다. 그리고 조용히 답변해주었다. '국민학교 7학년, 8학년 학생'이라는 사실을.

    그후 나는 서울지방법원 8호 검사실에서 또 한 번 곤혹을 느끼지 않을 수 없었다.

    "이것이 '청구회 노래'인가?"

    검사의 반지 낀 손에 한 장의 종이가 들려 있었다. 거기 내가 지은 우리 꼬마들의 노래가 적혀 있었다.

Like pine trees that are kept ever green,
We grow bravely with our fists clenched.
Dear friends, fellow chums, young warriors,
More brightly than the sun rising at a new dawn
Let's go forward, triumphantly, Chung-Gu warriors.

Like barley sprouts that are undaunted by the treading
We grow bravely with our fists clenched.
Learning and working, young warriors,
More brightly than the sun rising at a new dawn
Let's go forward, triumphantly, Chung-Gu warriors.

The prosecutor demanded that I answer whether the expression "with our fists clenched" meant violence and destruction aimed at disturbance of the country. A persistent interrogation followed and I was asked whether the expression implied preparation of violence for a socialist revolution.

겨울에도 푸르른 소나무처럼
우리는 주먹 쥐고 힘차게 자란다.
어깨동무 동무야 젊은 용사들아
동트는 새아침 태양보다 빛나게
나가자 힘차게 청구용사들.

밟아도 솟아나는 보리싹처럼
우리는 주먹 쥐고 힘차게 자란다.
배우며 일하는 젊은 용사들아
동트는 새아침 태양보다 빛나게
나가자 힘차게 청구용사들.

여기서 '주먹 쥐고'라는 것은 국가 변란을 노리는 폭력과 파괴를 의미하는 것이 아닌가 하는 심각한(?) 추궁을 받았다. 사회주의 혁명을 위한 폭력의 준비를 암시하는 것이 아닌가 하는 끈질긴 심문이었다.

내가 겪은 최대의 곤혹은 이번의 전 수사과정과 판결에 일관되고 있는 이러한 억지와 견강부회였다. 이러한 사례를 나는 법리해석의 문제로 이해하는 것이 아니라 정치권력 그 자체의 가공할 일면으로 이해하고 있는 것이지만 이는 특정한 개인의 불행과 곤혹에 그칠 수 있는 사소한 문제가 아니라는 점에서 심각한 사회성이 복재伏在하고 있는 것이다.

그리고 마지막으로 나는 군법회의에서 이 '청구회 노래'의 가사를 읽도록 지시받고 '청구회'가 잡지사 '청맥사'를 의식적으로 상정하고 명명한 이름이 아니냐는 '희극적' 질문을 '엄숙히' 추궁받았다.

The most embarrassing thing I experienced was such perversity and distortion which was consistent through the entire process of investigation and trial. I understand, it was not a matter of interpreting legal principles, but a dreadful aspect of political power itself. Nevertheless, there are serious social bearings lurking behind it that are not limited to a specific individual's misfortune and pain.

Finally, in a martial court, I was ordered to read the words of the song and pressed hard, and rather comically, if the name 'Chung-Gu Hoe' was based on the magazine publisher, 'Chung-Maek Sa.'

언젠가 먼 훗날 나는 서오릉으로 봄철의 외로운 산책을 하고 싶다. 맑은 진달래 한 송이 가슴에 붙이고 천천히 걸어갔다가 천천히 걸어오고 싶다.

Some day in the future, I want to take a lonely walk to Seo-O-Reung. With a bright azalea on my plastron, I want to go slowly on foot to Seo-O-Reung and slowly walk back.

'청구회 추억'의 추억

선생님 에게

 먼 산에 아지랑이 아물 아물 거리며 진달래, 개나리 꽃,
만발하게 피는 요즈음 선생님은 안녕하십니까?
저는 지금 선생님과 사귄후 즐거운 날을 보내고 있읍니다.
지난 10일날 선생님 덕분으로 아무튼 OK이 참 즐거운 날을 보냈읍니다.
그리고 우리가 말하던 끝의 이름들 지어주셨으면 감사하겠읍니다.
저 2층에서 찍은 사진도 잘 나왔는지요.
저는 이제 대경중학교 2학년 입니다.
선생님도 아시다시피 동혁들은 모두 선생님 덕택으로 튼튼같이 있읍니다.
  그럼 선생님 몸 조심하십시오,
이만 펜을 놓겠읍니다
                        〈안녕〉
1966, 4, 12,
                  〈그럼 답장 바람〉

시내 숙명여자대학교
     교 수 실
   신 영 복 (선생)

청구회 어린이의 편지

「청구회 추억」은 1969년 남한산성 육군교도소에서 쓴 글이다. 1968년 7월에 구속된 후 1심법원인 육군보통군법회의에서 사형언도를 받고 남한산성 육군교도소로 이송된 것이 1969년 1월이다. 이 글은 남한산성 육군교도소로 이송된 후 1969년 11월 대법원에서 원심이 파기되기까지 사형수로 있을 때 쓴 글이다.

사형이 선고되었을 때 순간적으로 스치는 느낌은 한마디로 '공허'空虛였다. 나의 존재 자체가 공동화空洞化되는 상실감이었다고 기억된다. 그리고 너무 짧게 끝나는 생애에 대한 아쉬움이 뒤따랐다.

물론 사형선고란 터무니없는 것이며 2심, 3심의 재판과정에서 반드시 파기될 것이란 기대가 없지 않았다. 그러나 사형이 집행될지도 모른다는 군사정권의 비정한 정치성에 생각이 미치면서, 사형은 내게 매우 가까이 다가오기도 했다.

만약의 경우에 대비해 사형을 준비하고 있어야 한다는 생각을 하게 되었다. 준비라는 것이 달리 필요하지 않았을 것이다. 「마지막 인사」Last Farewell 같은 한 편의 서정적 시편을 준비한 호세 리잘Jose Rizal이나, 식민지적 억압 속에서 포악한 군사정권에 맞서다 총살형으로 처형되는 어느 청년의 이야기는 그 시대의 아름다운 완성이라는 이념적 언어로 자신을 정당화하는 것일 터였다.

당시 군법회의 사형집행 방식은 총살형이었고, 우리 감방을 찾아와서 예배를 인도해주던 군목이 그 총살현장의 이야기를 가끔씩 전해주기도 했다. 이러한 분위기 속에서 나는 사형, 특히 총살형의 현장감을 극적으로 증폭하는 유혹에 자주 빠져들기도 했는데, 그 비장한 심경의 틈새를 비집고 지극히 개인적인 애환들이 얼굴을 내밀기도 했다. 그동안 만났던 사람들의 얼굴과 그 사람들에게 나는 무엇이었던가 하는 반성에서 시작하여, 지키지 못한 약속은 없는지, 빌린 책, 갚지 않은 돈은 없는지…….

그중의 하나가 바로 청구회 어린이들과의 약속이었다. 매월 마지막 토요일에 장충체육관 앞에서 기다리고 있을 그들의 모습에 마음이 아팠다. 나는 감옥의 벽에 기대어 그들과의 만남을 처음부터 끝까지 떠올렸다.

그리고 마룻바닥에 엎드려 쓰기 시작했다. 하루 두 장씩 지급되는 재생종이로 된 휴지에, 항소이유서를 작성하기 위해서 빌린 볼펜으로 기록하기 시작했다. 기록이라기보다는 회상이었다. 글을 적고 있는 동안만은 옥방의 침통한 어둠으로부터 진달래꽃처럼 화사한 서오릉으로 걸어 나오게 되는 구원의 시간이었다.

나는 「청구회 추억」 외에도 여러 가지 메모를 휴지에 남겼다. 이것은 교도소에서 허용되지 않는 것이어서 공책처럼 묶어 몰래 감추어두고 있었다. 대법원의 파기환송을 거쳐 결국 무기징역으로 형이 확정되고 민간교도소로의 이송을 기다리고 있던 1971년 9월 어느 날, 갑자기 이송 통보를 받았다. 경황없는 이송 준비 중에도 그 휴지묶음이 걱정이었다. 소지품 검사 과정에서 압수될 것이 틀림없기 때문이었다. 나는 황급하게 가까이 있는 근무 헌병에게 그 휴지묶음을 부탁했다. 재판정에서 우리들의 법정진술을 지켜보았던 근무 헌병들이 대체로 우호적이었기 때문이다. 집에 전달해주거나 그것이 불가능하다면 당신이 가져도 좋다는 말을 덧붙였던 것으로 기억한다. 그리고 어둡고 긴 무기징역의 터널로 걸어 들어갔다. 휴지묶음과 청구회는 망각되었다.

옥중서간집 『감옥으로부터의 사색』 초판은 내가 출소하기 전에 만들어졌고 「청구회 추억」이 그 책에 실리지 않았음은 물론이다. 출소 이듬해 이사할 때였다. 아버님의 방에서 놀랍게도 그 휴지묶음이 발견되었다. 어느 청년이 전해주었다는 말씀이었다. 그 후 1993년 2월 몇몇 친구들이 『감옥으로부터의 사색』 영인본을 만들면서 「청구회 추억」을 실었다. 그 과정에서 한 월간지에 소개되었고, 1998년 『감옥으로부터의 사색』 증보판에 실리게 되었다.

「청구회 추억」을 읽은 독자들로부터 청구회 어린이들과의 출소 후의 만남에 관해서 가끔 질문을 받게 된다. 출소 후 3년쯤이던가 청구회 어린이 중의 한 사람으로부터 밤늦게 전화를 받았다. 그리고 학교에서 반갑게 만났다. 그러나 그로부터 많은 이야기를 듣지는 못했다. 어느 친구는 이미 세상을 떠났고 또 어떤 친구는 의정부 부근의 헬스클럽에서 일하고 있다는 소식을 그도 어렴풋이 들었을 뿐이었다. 가난한 달동네의 어린이들은 일찌감치 헤어졌던가 보았다. 그리고 그 후 그와도 소식이 끊겼다. 보낸 편지가 되돌아왔다. 나는 같은 추억이라 하더라도 당사자들의 마음에 남아 있는 크기가 서로 다를

김영덕, 전장戰場의 아이들(유화) | Children at the Battlefield(oil painting), 90.9×72.7cm, 1955년 작.
1997년 광주비엔날레 특별전 "일상, 기억 그리고 역사" 전 참여작품 | 2003년 국립현대미술관 매입·수장

수 있다고 생각한다. 더구나 힘겨운 삶을 이어왔을 그들에게 청구회에 대한 추억이 나의 것과 같지 않았으리라는 것은 너무나 당연하다.

돌이켜보면 내가 청구회 어린이들과 만날 수 있었던 것은 고등학교 때 미술선생님의 작품 〈전장의 아이들〉 때문임을 뒤늦게 깨닫게 된다. 나는 미술반원이 아니었지만 미술선생님이 좋아서 자주 학교 미술실 안에 마련된 선생님의 작업공간을 찾았다. 그곳에 그 그림이 걸려 있었다. 전쟁의 비극과 공포를 압축적으로 표현한 작품이었다. 아이들의 모습 이외의 모든 것이 생략된 지극히 단순화된 구도가 오히려 강력한 호소력을 가지고 있었다. 나 역시 50년대의 아이였지만 그 후 나는 그 그림 속의 어린이들의 표정과 모습을 통하여 그 시절을 기억하고 있었는지도 모른다. 나는 출소 후 선생님의 벽제 화실에서 다시 그 그림을 만났다. 오랜 세월의 격리 때문이었을까. 놀랍게도 서오릉 길에서 만난 어린이들이 바로 그 그림 속의 어린이들이란 것을 깨달았다. 진실의 해후 같은 감동이었다.

우리의 삶은 수많은 추억으로 이루어져 있음은 물론이다. 그러나 우리는 우리의 모든 추억을 다시 만날 수 있는 것은 아니다. 과거를 만나는 곳은 언제나 현재의 길목이기 때문이며, 과거의 현재에 대한 위력은 현재가 재구성하는 과거의 의미에 의하여 제한되기 때문이다. 더구나 추억은 옛 친구의 변한 얼굴처럼 전혀 다른 모습으로 나타나기 때문에 그것이 추억의 생환生還이란 사실을 나중에 깨닫기도 한다.

생각하면 명멸明滅하는 추억의 미로迷路 속에서 영위되는 우리의 삶 역시 이윽고 또 하나의 추억으로 묻혀간다. 그러나 우리는 추억에 연연해하지 말아야 한다. 추억은 화석 같은 과거의 이야기가 아니라 부단히 성장하는 살아 있는 생명체이며, 언제나 새로운 만남으로 다가오기 때문이다.

이 책 역시 추억을 새롭게 만나고 있는 것이라 할 수 있다.

2008년 7월

신 영 복

Recollections of "Memories of Chung–Gu Hoe"

It was in January of 1969 that I was transferred to a military prison at Namhan Mountain Fortress after receiving the death sentence in the Korean Military Court following my arrest in July, 1968. This essay, "Memories of Chung-Gu Hoe" was written while I was imprisoned in the Korean Military Prison at Namhan Mountain Fortress until the Supreme Court overturned the initial death sentence in November, 1969.

'Vacant' was the one word to describe how I felt when I received my sentence. I recall that it was a sense of loss in which my entire existence was to be nullified. Then I also felt the remorse that my life would end soon, though I was not without hope that the initial verdict of death, since it was too preposterous, would be over ruled, going through various stages of court processing. Nevertheless, when I considered the cruel reality of the politics under the military dictatorship under which civilians were sentenced to death and swiftly executed by martial law, death was felt very close.

I came to think that I had to prepare for execution in case it really happened. Nothing much for preparation. Just a piece of lyric as Jose Rizal had done through his poem, "Last Farewell," or, in rather theoretical language, justification of my death as consummation of life, as a beautiful completion of time, since it would be a story of a young man who stood up against military dictatorship, was arrested and executed by a firing squad under the suppression of cruel politics.

At that time, receiving the death sentence under martial law meant death by a firing squad, the scenes of which were often described to us by the chaplain who visited our prison cell for worship and prayer. In such an atmosphere of terror, I was quite often indulged in dramatically incrementing the reality of the scene of execution, especially the one by a firing squad. But in the midst of such dreadful thoughts, extremely personal emotions and pains surged up within me. Starting from the faces that I had met and anxieties concerning what I had meant to them, to the thoughts whether I had made any promises that I couldn't keep, books that I had checked out and not returned, and money I had owed but not paid back ···

One of the greatest worries was a promise I had made to the boys of Chung-Gu Hoe. It was indeed heart-wrenching to think of them waiting for me in front of Jang-Chung Gymnasium every last Saturday of the month as they had always done. Leaning on the wall of the cell, I started going over my meeting with them, from the very first moment to the end. Then, lying face down on the floor, I started to write, to 'record' my thoughts on the two sheets of daily supply of toilet paper, with a borrowed pen which I had borrowed to write a letter of appeal to a higher court. It was more recollection than recording. While I was writing, I experienced a moment of salvation, walking out of the miserable darkness of the prison cell into the brilliant light of Seo-O-Reung, a place as brilliant as the azaleas.

I made numerous notes on the tissue toilet paper other than "Memories of

Chung-Gu Hoe," which was strictly forbidden in prison. I bound them into a makeshift notebook and kept it hidden secretly.

I had waited for some time for a transfer to a civilian prison after I was sentenced to life imprisonment following the Supreme Court's overruling of my initial death sentence. One day, in September, 1971, I finally received a formal notice of transfer. While I was preparing for the transfer, I became concerned about the bundle of writing on the toilet tissue. It would be confiscated, if discovered, during the search of my personal belongings. Rather in a hurry, I passed the bundle to a military police guard nearby, asking him to deliver it to my house if possible, or just to keep it for himself. I asked him because he seemed to be sympathetic, having escorted me to the court hearings and listened to my statements in the military court. Then, I walked down a long dark tunnel to a life imprisonment. The bundle of tissue paper as well as Chung-Gu Hoe was completely forgotten.

A collection of my letters from prison, *Reflections from the Prison*, was published before I was released and accordingly, "Memories of Chung-Gu Hoe" was not included in it. Two years after I was released, my family moved to a new house. To my surprise, the bundle of tissue paper was found in my father's room in our old house. He told me that a young man had brought it. In February, 1993, when a few friends of mine published a facsimile edition of *Reflections from the Prison*, titled *Postcards*, "Memories of Chung-Gu Hoe" was finally added. And around that time, it was also published in a monthly literary journal, later to be included in a new complemented edition of *Reflections from the Prison* in 1998.

Readers of "Memories" often ask whether I have seen the children of Chung-Gu Hoe since I was released. About 3 years after I left prison, one night, I got a phone call from a child from Chung-Gu Hoe. Then, I had the pleasure of meeting him at my university. He did not have much to say. He had only some vague information: A friend had already died, another kid who he heard was working in a health club in Eui-Jung-Bu. Perhaps, the kids from the poor village drifted apart and lost touch a long time ago. Then, I lost contact with him as well. My letters to him returned. I think the memories, though commonly shared, might bear differently in mind with each person. Considering that they had been through a hard time, it seemed natural that their memories of Chung-Gu Hoe may not have been as significant as mine.

Looking back, I came to the realization that my meeting with the Chung-Gu Hoe kids was predicted a long time ago in a painting of my high school art teacher, a painting entitled "Children at the Battlefield." Though I was not a member of the art club, I frequented his studio in school since I respected him. And there on the wall the painting hung. It was a work that expressed the sheer horror and tragedy of the Korean War condensed on the canvas. The extremely simplified design of the painting in which all other things were excluded but the children had a strong appeal, the more so because all other things were left out. A child of the 1950s myself, I might have remembered the period through the expressions of the children in the painting. After I was released, I came upon the very painting in my teacher's studio in Byuk-Je. Was it because of such a long time lapse of isolation? To my amazement, I came to realize that the boys I had met on the way to Seo-O-Reung were the children in the painting. It was an epiphany in which the real truth was suddenly illuminated to me and it deeply touched me.

Without doubt, our lives are composed of numerous memories. But it is also true that not all the memories cannot be met again. Not only we meet memories at a street corner of the present, but also the power of the past over the present is limited to the meaning of the past that the present reconstructs. Furthermore, memories often appear in completely different feature just like our old friend's changed face so that we do not notice until later that they are memories returned.

Our lives that pass through the maze of glimmering memories come to be buried as another memory as well. But we should not cling to those memories, for they do not remain the stories of the past like fossils: they are living organisms that continue to grow. For that reason, when they approach us, it is always in a new meeting.

Through this book, we, too, are meeting memories anew.

In July, 2008
Written by Shin, Young-Bok

「청구회 추억」을 옮기고 나서

이 책의 후기('청구회 추억'의 추억)에서 저자가 밝히고 있듯이, 「청구회 추억」(이후 「청구회」로 표기)은 『감옥으로부터의 사색』(이후 『사색』으로 표기)의 영인본인 『엽서』에 최초로 실렸고, 1998년 『사색』 증보판에 수록되었다.

「청구회」는 『사색』의 일부를 구성하지만 몇 가지 점에서 다른 글들과 분명히 구별된다.

첫째, 「청구회」는 수필 형식으로, 다른 편지들처럼 특정한 수신인을 마음에 두고 쓴 글이 아니다. 이 글은 오히려 저자 자신에게 띄우는 글이다. 그 문체 또한 다른 편지글에 비해 더욱 성찰적이고 회고적이며 절제된 글로서, 저자가 구속되기 전 2~3년간의 실제 이야기를 담고 있다.

둘째, 다른 글들은 수형기간 동안의 생활과 사색을 보여주는 글이지만 「청구회」는 1968년 저자가 구속되기 전의 삶에 대한 정보를 담고 있다. 이 글은 사건 이전의 삶을 보여준다는 점에서, 이를테면 『사색』의 전편(prequel)에 해당하는 글이라고 할 수 있다.

셋째, 다른 글들은 대부분이 옥중 사색의 단상들을 보여주고 있음에 반해, 「청구회」는 일관성 있는 구조와 이미저리의 사용, 그리고 문학적 구성을 갖추고 있는, 그 자체로서 완성도 높은 문학 작품이다. 김명환 교수의 말대로, 이 글은 "신영복 문학의 백미"(『신영복 함께 읽기』 133쪽)이며, 이 글만으로도 단행본으로 출판할 충분한 이유가 있다.

넷째, 저자가 후기에서 밝히고 있듯이 이 글은 "추억의 생환"이라고 볼 수 있다. 저자가 사형선고를 받고 남한산성의 육군교도소에 수감되었을 때 이 글을 썼다는 사실을 생각한다면 이 글은 마음 아픈 기록이 아닐 수 없다. 그러나 바로 그러한 사실 때문에, 또 그럼에도 불구하고 기록한 글이란 점에서 이는 정신의 승리이기도 할 것이다. 이처럼 지극히 힘겨운 환경에서 기록된 글이라는 점에서, 자신의 삶과 화해하고 당면한 상황을 헤쳐 나가려는 저자의 고뇌를 읽을 수 있다.

동시에 이 글에는 1960년대 후반의 한국사회가 재현되고 있다. 한국전쟁 후의 가난과 정치적 억압이 순수하고 가슴 훈훈한 사람들의 모습과 극적 대조를 이루고 있다.

한편, 50년대 후반에 태어나 청구회 소년들과 동시대를 살았던 독자들에게 이 글은 가난하지만 마음은 따뜻했던 어린 시절의 생생한 기록이다. "변변치 못한 옷차림"을 한, 중학교에 진학하지 못한, 초등학교 7학년, 8학년의 가난하지만 순수한 소년들은 그 당시 흔히 만날 수 있었던 우리들의 때 묻지 않은 모습이기도 하다. 뿐만 아니라 정치적 억압에 맞서다 부당하게 처벌되는 수많은 양심적인 지식인들의 희생과 용기에도 불구하고 이를 외면할 수밖에 없었던 사람들에게 이 글은 양심을 찌르는 '불편한 진실'이기도 하다.

다섯째, 「청구회」는 만남에 관한 글이고, 선생의 의미를 묻는 글이며, 중년의 독자에게는 유년시절의 자아와 만나게 하는 글이기도 하다. 이 글은 저자와 여섯 청구회 어린이와의 만남이 당시의 정치, 사회적 상황 속에서 그 순수성이 어떻게 굴절되고 왜곡되는가에 관한 기록이다. 어린이들과 만나는 '선생'으로서의 저자의 모습에서 우리는 진정한 사제관계가 어떠해야 하는가를 읽을 수 있다.

나아가, 어린이들과 함께 엮어가는 여러 층위의 만남과 그 만남의 지속을 통하여 저자는 20세기를 일관해온 서구의 "존재론적 패러다임"을 지양하는 21세기의 대안적 원리로서의 "관계론"의 핵심적 의미를 보여주고 있다. 저자가 여러 자료를 제시하며 강조하는 "관계론"은 단순한 수사가 아니라 사람들과의 관계를 통하여 보여주는 바와 같이 그의 삶에 배어 있는 기본적 정서이다. 젊은 지식인이 가난한 소년들에게 기울이는 따뜻한 관심과 진정성을 통하여 저자는 휴머니즘이야말로 모든 인간관계의 정수라는 사실을 역설하고 있는 것이다.

개인적으로 역자는 저자와 같은 학교에서 근무하는 드문 영예를 누렸다. 그의 사상과 인간애에 깊은 감명을 받았다. 영문학과 교수로서 역자는 저자의 격려에 힘입어 이처럼 뛰

어난 문학 작품을 영어로 옮기게 되는 이중의 특권을 누린 셈이다.

저자는 「청구회」 육필원고와 그 외 남한산성 육군교도소에서 쓴 글들의 원문원고를 접할 수 있도록 배려해주었다. 40년 전에 휴지에 쓰인 육필원고는 이제 종이가 삭아 얇아지고 군데군데 구멍이 뚫리거나 훼손되기까지 했지만, 단정한 글씨는 그 때문에 오히려 그 속에 담긴 인간애의 내면을 더욱 돋보이게 하는 것 같았다. 워즈워드의 표현처럼, "그 깊이로 말미암아 눈물마저 멎게 하는" 깊은 감동에 젖지 않을 수 없었다.

두 번째 배려는 경기도 벽제에 있는 고등학교 미술 선생님 댁으로 저자와 함께 다녀온 한나절의 '소풍'이었다. 저자로 하여금 청구회 어린이들을 만나게 한 〈전장의 아이들〉이란 그림은 2층 작업실로 오르는 층계의 벽에 걸려 있었다. 전쟁의 공포와 두려움으로 얼굴이 굳어진, 그림 속의 어린이들은 어렵지 않게 청구회 어린이들을 연상시켰다. 만약 여섯 청구회 어린이들이 저자가 고등학교 시절 그림에서 만났던 전장의 어린이들이 형상화된 것이라면, 벽제의 그림 속 아이들은 역자가 만나지 못한 청구회 어린이들을 시각적으로 재현해놓은 것만 같았다. 결국, 저자가 그의 다른 글에서 말하듯, 어린이들은 그림에서 여섯 소년들로, 다시 여섯 소년들에서 그림 속 어린이들로 윤회한 것 같은 느낌이 들었다. 저자가 후기에서 밝힌 일종의 '에피퍼니'epiphany(문학적 현현顯現)를 역자 또한 경험하는 듯했다.

번역을 하기 전에는 10년 넘게 지키지 못한 약속으로 마음이 무거웠다. 번역을 마친

지금은, 혹 저자의 훌륭한 글을 조금이라도 손상했거나 정확히 전달하지 못했을까 하는 염려로 마음이 무겁다. 역자 자신 열렬한 애독자로서, 저자의 아름다우면서도 가슴 아픈 이야기를 영어로 옮겨 한국어를 이해하지 못하는 독자들과도 나누어야 한다는 일종의 의무감을 가지고 있었다. 번역을 마치자 이제 그 기회를 제공할 수 있어 무척 기쁘다.

이번 기회에 외국 독자들도 저자의 글을 통해 당시 한국사회를 이해하고 작품의 높은 문학적 가치를 읽을 수 있기 바란다. 사실 외국인 독자들의 반응이 궁금하여 같은 학과의 동료, 데이비드 밀라넥 교수에게 보여주고 의견을 들었다. 아래 인용이 그것이다.

히브리어로 '라브'rav는 '위대한 사람'을 뜻하고 '랍비'rabbi는 '나의 선생님' 혹은 '나의 훌륭한 이'를 뜻한다. 유대인의 학문세계에서 '라브'는 지식과 판단력, 두 가지 기준 모두에서 '랍비'를 능가한다. …… 신영복은 의심할 바 없이 '랍비' 중에서도 가장 위대한 '라브'이다. 그의 에세이 「청구회」에서 신영복은 우선 그의 건전한 판단력을 보여준다. …… 그는 여섯 소년의 말문을 열 가장 좋은 방법을 알고 있다. "이 길이 서오릉 가는 길이 틀림없지?"라는 질문은 그가 이미 알고 있는 것을 묻는다는 점에서 기본적으로 수사적 질문이다. 그러나 이런 접근법은 소년들로 하여금 그들이 무언가 도움을 줄 수 있다는 대등한 느낌을 안겨준다. 신영복은 가난한 소년들의 모습을 그들의 변변치 못한 옷차림과 보자기에 싼 점심으로 묘사한다. …… 자기 자신의 남루한 옷차림을 묘사함으로써 소년들과 자신을 대등한 위치에 놓으려고 생각한다.

이 수필이 저자의 완성된 자서전의 한 장이 아니라면 그렇게 되어야 한다. 왜냐하면 이 작품은 강한 호소력이 깃든 교훈과 능숙한 스토리텔링으로 된 훌륭한 문학 작품이며 동시에 대답이 필요한 몇 가지 질문을 남기고 있기 때문이다. 신영복의 학력은 어떠하며 중학교 입학의 열망마저 좌절된 소년들과 어느 정도로 동일한 입장을 견지할 수 있었는지? 무엇보다도 수감 이후 신영복이 소년들을 다시 만났는지? 그가 모임을 만들어준 소년들은 그 뒤 어떻게 되었는지? ……

다행히 위에 제기된 몇몇 질문들에 대해서는 이 책의 저자 후기에서 답을 얻을 수 있다. 이러한 점에서 이 한영 대역판은 신영복과 그의 신, 구 독자들의 새로운 만남의 장을 제공한다.

마지막으로 번역의 문학적 자문을 해주신 김진만 교수님, 영어 표현을 수정해준 김혜인 선생님, 외국 독자의 입장에서 미리 검토해준 데이비드 밀라넥, 멋진 삽화를 그려주신 김세현 작가에게, 또 모든 준비와 지원을 아끼지 않은 돌베개 출판사 사장님을 비롯한 직원들에게 감사를 표한다. 이 모든 분들의 도움이 없었다면 이 책의 출판은 불가

능했을 것이다. 마지막으로 사랑의 참된 가치를 가르쳐준 남편과 두 딸에게 감사의 마음을 표한다.

2008년 여름

조병은

Translator's Epilogue

As the author mentions in his epilogue to this edition, "Memories of Chung-Gu Hoe" (hereafter, "Memories") was first published in a facsimile edition of his letters from prison, *Postcards*, and was later included in the complemented edition of *Reflections from the Prison* (hereafter *Reflections*) in 1998.

Although "Memories" comprises part of *Reflections*, in a few noticeable ways, it is different from other letters included in the book.

First, unlike other letters, it is an essay without any specific recipient in mind. It is rather directed to the author himself. The style is also different, being more reminiscent, reflective, controlled, and of what actually happened over a couple of years before the author was imprisoned.

Second, whereas other letters carry the author's prison life and meditations during his imprisonment, "Memories" contains the information of his life before he was arrested in 1968. It is, in other words, a sort of a 'prequel' to *Reflections*, illustrating what his life was like before the tragic event.

Third, in contrast to other letters which are close to fragments of reflections, "Memories" stands out as a well-written, self-contained piece of literary work, being complete on its own, with its coherent use of imagery and literary unity. In Prof. Kim, Myung-Hwan's words, it is considered "the finest of his literary works" (*Reading Shin, Young-Bok Together*, 133), which further justifies this publication of the essay in book form.

Fourth, as the author himself declares in his afore-mentioned epilogue, it crystalizes his effort "to revive the memories." Considering that "Memories" was written while the author was imprisoned in the Korean Military Prison after receiving the death sentence, it marks a sad record of the period, and despite and because of that, it is also a record of triumph of human spirit. By writing this work in an extremely painful situation, the author tried to come to terms with his life and relationships which he thought to resolve.

As a period-piece, this work retrieves the Korea in the 1960s: the poverty and suppressive life after the Korean War is revived as against the pure and warm-hearted humans. For those who were born in late 1950s, this is a lively record of their destitute childhood, poor, but warm in heart, which the six boys represent. The Chung-Gu Hoe kids, the 7th and 8th graders of the primary school, in poor clothing show what many Koreans' life was like in the 1960s. Meanwhile, for those who witnessed but closed their eyes to the sacrifice and courage of the few conscientious intellectuals—who were arrested and sometimes executed under false accusations made by the suppressive politics,—this story presents a very uncomfortable truth; 'uncomfortable' because it pricks their conscience.

Fifth, "Memories" is about meeting, about the meaning of becoming a teacher, and about many middle-aged readers' meeting with their younger selves. It records the author's meeting with six boys of 'Chung-Gu Hoe' and various socio-political elements that either promote or impede, or distort their pure meeting. By focusing on his meeting with the children as a teacher, the author shows what a genuine relationship between the teacher and the student should be like.

Through various layers of meetings and relationships in the essay, the author provides solid base upon which to build his theory of 'relation-centered paradigm'—which he proposes as an ideal paradigm of thought in the 21st century that would replace the 'substance-centered paradigm' of the Western culture up to the 20th century. By providing specific data, he demonstrates that his new 'relation-centered paradigm' is not mere vaunt but is catalyst of his life, emerging from his own experience with other people. Presenting a young intellectual with his warm attentiveness and genuine concern of the shabbily dressed, poor boys, the author emphasizes humanism as the essence of all human relationships.

Personally, I had the rare honor to have been working in the same university with the author and deeply moved by his profound thoughts and genuine human love. As a professor of English literature, I was doubly privileged to translate this superb literary work into English, being encouraged by the author in various ways.

For one thing, he allowed me to have access to the original manuscript of "Memories." The toilet tissue paper, 40 years since being written, has holes and stains, worn out and fluffy thin. Only the letters in black ink stand out, as if they highlight the essence of the author's humane love implied in them. It simply overwhelmed and brought me, in Wordsworth's words, to "thoughts too deep for tears."

The next consideration of the author came in the form of a half-day picnic to his high school art teacher's studio in Byuk-Je. There on the wall of the steps to the second floor, hung the painting "Children at the Battlefield," the very painting the author later identified with the Chung-Gu Hoe boys. The children in the painting, their faces stiffened with sheer terror and fear could easily be suggestive of them, indeed. If the six kids were embodiment of the children in the painting the author had seen in his high school days, for me, the children in the painting in Byuk-Je seemed to be a perfect visualization of the Chung-Gu Hoe boys. As the author mentions in his other writings, the children seemed to be reincarnated, from the painting to the six kids, and from the kids to the children in the painting. I, too, experienced an illuminating moment, a moment something like epiphany which the author mentions in his epilogue.

Before the translation, I was burdened with the promise I had made 10 years earlier but could not keep; after the translation, I am quite nervous if my translation impairs the author's superb writing in any way. Myself, a fervid reader of author, I felt it my duty to share his beautiful, but painful story with others including those who do not understand Korean. Upon finishing translation of this work into English, I am very happy to provide such an opportunity to others.

Primarily with Korean readers in mind, I hope readers outside of Korea understand Korean historical situation represented in this work as well as fully appreciate its literary merits. I wondered what non-Koreans thought about the essay and showed my English version to one of my colleagues, David Milanaik. The following quotation is from his review:

> In Hebrew the word 'rav' means 'great' and 'rabbi' (the 'i' being the suffix to denote personal possession) means 'my great (one)' or 'my master.' In jewish circles of learning, rabbis are second to ravs both in terms of knowledge and judgment. ··· Shin, Young-Bok is obviously a rav among rabbis. In his essay, "Memories of Chung-Gu Hoe, Shin first reveals his sound judgment. ··· He figures that the best ice-breaker to ask the group of six boys is, "Is this the way to Seo-O-Reung?" essentially a rhetorical question as he's quite sure of the way—but this approach gives the boys a feeling of equality in their ability to be of assistance. Shin describes the boys' poverty with details about both their dress and packed lunch. ··· He describes his own dress as similarly shabby, which he believes helps him to identify with the boys. ···
>
> If this essay isn't a chapter in a complete autobiography it should be, both because it's very fine writing, complete with poignant lessons and masterful storytelling—and because it leaves a few questions unanswered. What's Shin's educational history and how much does he identify with the boys in terms of

their frustrated aspirations to attend secondary school? And, chiefly, was Shin reunited with Chung-Gu Hoe after his imprisonment? What has become of the six boys with whom he formed the club? · · ·

Luckily, most of these questions raised by him are answered in the author's epilogue to this edition. And in this sense, this Korean-English book provides a new meeting place between Shin, Young-Bok and his readers, both old and new.

Finally, I want to express my thanks, to Prof. Kim, Jin-Man for his professional and literary advice on translaton, to my colleagues Sabine Hain Kim for her excellent editing of English, and David Milanaik for his first review, to the illustrator Kim, Se-Hyun for his wonderful illustration of the story, and the staff of the publisher, Dolbegae, for all their arrangements and willing support. Without their help, this Korean-English version would not be possible. Last, my thanks go to my husband and my two wonderful daughters who have taught me the true meaning of love.

In summer, 2008
Written by Cho, Byung-Eun

글 신영복 Shin, Young-Bok

1941~2016. 경남 밀양에서 태어나 서울대학교 경제학과 및 동 대학원 경제학과를 졸업했다. 숙명여자대학교 경제학과 강사를 거쳐 육군사관학교 경제학과 교관으로 있던 중 1968년 통일혁명당 사건으로 구속되어 무기징역형을 선고받았다. 복역한 지 20년 20일 만인 1988년 8월 15일 특별가석방으로 출소했다. 1989년부터 성공회대학교에서 강의했으며, 2006년 정년퇴임 후 석좌교수로 재직하였다.

저서로 『감옥으로부터의 사색』, 『나무야 나무야』, 『더불어숲』, 『신영복의 엽서』, 『강의―나의 동양고전 독법』, 『청구회 추억』, 『변방을 찾아서』, 『담론―신영복의 마지막 강의』, 『처음처럼―신영복의 언약』, 『For the First Time』, 『느티아래 강의실』(공저), 『신영복(여럿이 함께 숲으로 가는 길)』 등이 있으며, 역서로 『외국무역과 국민경제』, 『사람아 아, 사람아!』, 『노신전』(공역), 『중국역대시가선집』(공역) 등이 있다.

영역 조병은 Cho, Byung-Eun

1958년 강원도 강릉에서 태어나 강원대학교와 서울대학교, 미국 북텍사스 대학에서 영어영문학을 전공하고 영문학 박사학위를 취득, 1995년부터 성공회대학교 영어학과에서 영미문학과 영미시를 가르치고 있다. 2002~2003년 영국 윈체스터 대학교에서 1년간 초빙교수를 역임하였다. 19세기 영국시인 로버트 브라우닝의 극적 독백에 관한 박사학위 논문을 비롯하여 영국 19세기 낭만주의 및 빅토리아조 시인들과 현대 영미 시인들에 대한 연구 논문, 영어교육에 관한 논문 및 『내 마음의 열두 친구』(공역), 『어린이 공화국이 있다면』 등의 영역서와 영문으로 된 저서 『19세기 시인들의 소통에 대한 욕구』가 있다.

그림 김세현 Kim, Se-Hyun

1963년 충남 연기에서 태어나 경희대학교 미술과에서 동양화를 전공하였다. 작가가 확보하고 있는 폭넓은 연령대의 팬만큼이나 그의 그림은 다양한 스펙트럼을 보여준다. 이 책에서의 그의 그림은 따뜻하고 푸근한 한 폭의 수묵화를 연상시킨다. 『아름다운 수탉』, 『부숭이는 힘이 세다』, 『모랫말 아이들』, 『만년샤쓰』, 『준치가시』, 『엄마 까투리』 등에 그림을 그렸다.